Bernhard Selig · Blue Curaçao mit Pfefferminzlikör

Bernhard Selig

Blue Curaçao mit Pfefferminzlikör

Oder

Wie eine Festschrift entsteht

Roman

Altan

Dieser Roman ist 2004 im Verlag Klöpfer & Meyer, Tübingen, unter dem Titel ›Die Festschrift‹ und mit dem Verfassernamen *Werner Zillig* erschienen. Näheres in meinem Vorwort zu dieser Ausgabe. Der vorliegende Titel *Blue Curaçao mit Pfefferminzlikör* Oder *Wie eine Festschrift entsteht* ist der, den ich vor der Bearbeitung meines Texts für dieses Buch vorgesehen hatte.

An dieser Stelle will ich, wie dies schon in der ersten Ausgabe stand, versichern, dass diese Geschichte frei erfunden ist und dass Ähnlichkeiten mit lebenden oder verstorbenen Personen vollkommen zufällig sind. – Bernhard Selig

ISBN 978-3-930472-08-6

Lektorat: Werner Zillig
Satz und Cover: Dasein & Design, München
Druck und Bindung: BPP Kleve

altan-verlag.de

Inhalt

Vorwort zur neuen Ausgabe

Ich, Bernhard Selig, schreibe also das Vorwort zur neuen Ausgabe dieses Buches. Eines Buches, das damals wie heute als ein Roman verstanden werden soll, auch wenn es mit der Gattungszuschreibung in diesem Fall nicht so ganz einfach ist. – Mein Dank gilt an erster Stelle dem Verleger Hubert Klöpfer, Tübingen, der es 2004 auf sich genommen hat, dieses ja nicht einfache kleine Werk in sein Programm aufzunehmen. Hubert Klöpfer und Werner Zillig, letzterer der Bearbeiter meines Texts aus dem Jahr 2003, dem ich ebenfalls zu Dank verpflichtet bin, beide haben sie dafür plädiert, jenen langen, sperrigen Titel samt Untertitel, der jetzt auf dieser Neuausgabe steht, durch einen kurzen, einprägsamen Titel zu ersetzen und das Buch schlicht ›Die Festschrift‹ zu nennen. Mit dieser Ausgabe habe ich nun, mit Zustimmung des damaligen Bearbeiters und des Verlegers Hubert Klöpfer, beschlossen, auf den ursprünglichen Titel zurückzugehen. Ich denke, die Leser – und vor allem die Leser*innen* – akzeptieren diesen umständlichen Titel, weil sie verstehen, dass er etwas mit den heutigen Problemen der katholischen Kirche und darüber hinaus mit dem Geist der Geschichte, die da erzählt wird, zu tun hat.

In Rezensionen der ersten Ausgabe wurde verschiedentlich kritisiert, dass dem Buch viele Zitate vorangestellt sind, wobei die fremdsprachigen noch nicht einmal übersetzt seien. Nun war die Einfügung dieser Sammlung von Zitaten seinerzeit im Text begründet; auch jetzt, im Vorwort zur ersten Ausgabe, kann man das Entsprechende, hier, zwei Seiten weiter, nachlesen: »Dem Bericht Bernhard Seligs lag ein Stapel von Zetteln bei, auf denen Zitate notiert waren …« Ich habe beschlossen, diese ›Zettelsammlung‹ wieder mit aufzunehmen; allerdings sind jetzt bei den fremdsprachigen Zitaten Übersetzungen beigefügt. Das gilt auch für die nicht-deutschsprachigen Stellen, die später im Text vorkommen. Auch bei diesen Stellen stehen jetzt Übersetzungen in Fußnoten.

Was bleibt noch zu sagen? Ich spreche anschließend auch von mir. Von wem sonst? Und ich nenne mich selbst, mag das auch ungewöhnlich sein, bei meinem eigenen Namen.

Noch etwas. Ich bin im Oktober 2021 von Göttingen nach Tübingen gefahren, weil mir klar geworden war, dass ich die Fortsetzung der vorliegenden Geschichte, die ich lange schon geschrieben hatte, nur in Tübingen mit einem Rahmen versehen und zu Ende bringen kann. In dem Roman ›Der schwarze Kimono‹ spreche ich von mir und von dem schwersten Fall, den ich als der Psychotherapeut, der ich heute bin, zu verarbeiten hatte.

Schließlich: Ich bin sehr froh, dass ich Professor Fischkirner eine gebundene Vorfassung dieser Neuausgabe zu seinem 82. Geburtstag übergeben konnte.

Göttingen, im März 2023

Bernhard Selig

Vorwort zur ersten Ausgabe (2004)

Anfang des Jahres 2001 bekam ich von meiner alten Freundin Manjo Monteverdi[1] ein Manuskript zugeschickt. Sie bat mich, den Text zu prüfen und ihr zu sagen, ob er für eine Veröffentlichung geeignet sei. Der Text war, leicht erkennbar, ein Tatsachenbericht. Manjo Monteverdi-Seligs Mann, Bernhard Selig, hatte diesen Bericht etwa ein Jahr vorher ausschließlich für die private Lektüre verfasst und in die Schublade gelegt. Festzuhalten ist: Manjo Monteverdi-Selig hat mir das Manuskript mit dem Wissen und dem Einverständnis ihres Mannes gegeben.

Es war mir recht schnell klar, dass dieser Text in der mir übergebenen Form für eine Veröffentlichung nicht in Frage kam. Zu persönlich und manchmal ja doch auch *zu* kritisch waren die Dinge, die da aus der Lebenswelt einer deutschen Universität mitgeteilt wurden. Auf der anderen Seite fand ich das, was in Bernhard Seligs Bericht zu lesen war, in weiten Teilen amüsant und in anderen Teilen anregend, ja sogar in einem ganz praktischen Sinn lehrreich, sodass ich Manjo Monteverdi schrieb: dass ich den Text – nach einer gründlichen Überarbeitung, die auch eine vollständige Anonymisierung der darin enthaltenen Eigennamen mit einschließen müsse – durchaus für veröffentlichbar hielte.

Da der eigentliche Verfasser Bernhard Selig es ablehnte, den Text selbst zu überarbeiten, fragte mich Manjo Monteverdi, ob ich es denn übernehmen würde, den Text

1 Alles Weitere, das in dieser Hinsicht relevant, steht im vorausgehenden Vorwort von Bernhard Selig.

in der von mir vorgeschlagenen Weise auf eine Veröffentlichung hin zu redigieren. Ich hätte alle Freiheiten.

Ich habe dieses Angebot angenommen und die mir zugestandene Hoheit über diesen Bericht in vollem Umfang ausgenutzt: Natürlich habe ich die Eigennamen sämtlich geändert, und ich habe die Begebenheiten von der süddeutschen Universität, an der sich das alles tatsächlich zugetragen hat, an eine andere Universität, nach Tübingen, transportiert. Alle im Text genannten Gelehrten mussten, um die Anonymisierung zu vervollständigen, ebenfalls von der einen Universität zu einer anderen ›verschoben‹ werden. Ich habe auch, wie ich zugeben will, vor allem im Schlussteil einige sehr frei gestaltete Ausschmückungen vorgenommen. Einige Passagen – es soll offen bleiben, welche – habe ich, wie Hermann Broch dies nennen würde: »hinzugedichtet«, sodass man, so man denn will, den veränderten Bericht Bernhard Seligs auch als eine Erzählung lesen kann. Dass der Bericht dennoch einen schweren Kern an Realität enthält, wird jeder wissen, der das Leben an deutschen Universitäten kennt.

Etwas freilich konnte und wollte ich nicht ändern: Die Geschichte spielt, wie auch das reale Vorbild, bei den katholischen Theologen. Diese Tatsache ändern zu wollen, hätte den Bericht seines Zentrums beraubt.

Dem Bericht Bernhard Seligs lag ein Stapel von Zetteln bei, auf denen Zitate notiert waren. Es war mir zunächst nicht klar, welche Bedeutung diese Stellen für den mir übergebenen Text haben. Bernhard Selig sagte mir später in einem Gespräch, er habe, während er seine Aufzeichnungen verfasste, auf die eine oder andere Weise immer wieder und meist ganz und gar zufällig Abschnitte in Büchern entdeckt, die auf das, was er da gerade schrieb, hinzuweisen schienen. Irgendwann habe er dann damit angefangen, diese Abschnitte zu exzerpieren. – Ich habe mich entschlossen, eine Auswahl aus der Seligschen Zitate-Sammlung dem Text voranzustellen, um mit dieser kleinen intertextuellen Verbeugung zumindest ein wenig zu zeigen, wie Seligs Bericht mit vorhandenen Texten verbunden ist.

Es bleibt mir jetzt nur noch zu sagen: Bernhard Selig hat, wenn auch mit offenkundigem Missbehagen und mit einigen Skrupeln, der Veröffentlichung seines so veränderten Manuskripts zugestimmt, und seine Worte, die ich bei einem Besuch in Tübingen gehört habe, seien jetzt auch die meinen: »In Gottes Namen – so sei's denn!«

Mons-en-Barœul (Frankreich), im Dezember 2001

Werner Zillig

On sait bien que dans de cas, et durant de longues années, il ne reste qu'une chose: vivre en disciple du Christ, en respectant les chefs hiérarchiques, les copains et les manœuvres musulmans, autant les uns et les autres, et traduire cela en actes concrets, réclamant aussi quand il le faut les droits imprescriptibles de la prière le dimanche, parce que Dieu l'a dit.

Es ist allgemein bekannt, dass in vielen Fällen und für viele Jahre nur noch eines übrig bleibt: als Jünger Christi zu leben, die Führer innerhalb der Hierarchie, die Gefährten und die muslimischen Manöver zu respektieren und das in konkreten Handlungen zu übersetzen, auch dann, wenn unveräußerliche Gebetspflichten am Sonntag gefordert werden, weil Gott es gesagt hat.

Jacques Loew, *Comme s'il voyait l'invisible / Als hätte er das Unsichtbare gesehen*

*

E sarà ancora perché in un momento in cui, come filosofo, dubito che il mondo abbia un ordine, mi consola scoprire, se non un ordine, almeno una serie di connessioni in piccole porzioni degli affari del mondo.

Und es wird immer noch so sein, dass ich, weil ich in einem Augenblick, als Philosoph, bezweifle, dass die Welt eine Ordnung hat, es mich tröstet, dass, wenn sie schon keine Ordnung hat, ich zumindest eine Reihe von Zusammenhängen in kleinen Teilen des Weltgeschehens entdecken kann.

Umberto Eco, *Il nome della rosa / Der Name der Rose*

*

Das ›System der Wissenschaften‹ ist ein Entwurf, der ein ungeheures Thema mit begrenzten Mitteln in Angriff nimmt und naturgemäß ohne weitreichenden Einfluss geblieben ist. Für mich selbst war es eine Erstorientierung in der verwirrenden Mannigfaltigkeit des wissenschaftlichen Betriebes und der Weg eine Ortsbestimmung der theologischen Arbeit zu finden.

Paul Tillich, *Vorwort zu Band 1 der Gesammelten Werke, Frühe Hauptwerke*

*

205. Wem sind wir außer den Eltern Ehrfurcht und Gehorsam schuldig?

Außer den Eltern sind wir auch den andern Vorgesetzten Ehrfurcht und Gehorsam schuldig, z.B. den Pflegeeltern, Lehrern, Meistern, Herrschaften, sowie der geistlichen und weltlichen Obrigkeit.

Hilfsbuch zum mittleren Deharbeschen Katechismus

*

Freud responded quickly. He loved this type of intellectual exercise. »We have several steps. First, engage him by disclosing yourself. Second, reverse the roles. Third, help him disclose himself fully. And we have one fundamental principle: to retain his trust and avoid any semblance of betrayal. Now, what's the next step? Suppose he does share his despair, then what?«

»Maybe,« Breuer replied, »there doesn't have to be a next step? Perhaps simply revealing himself would constitute such a major achievement, such a change in his way of life, that it would be in itself sufficient?«

»Simple confession isn't that powerful, Josef. If it were, there'd be no neurotic Catholics!«

Freud antwortete schnell. Er liebte diese Art von intellektuellen Übungen. »Wir haben mehrere Schritte. Erstens, binden Sie ihn an sich, indem Sie sich selbst offenbaren. Zweitens: Tauschen Sie die Rollen. Drittens: Helfen Sie ihm, sich vollständig zu offenbaren. Und wir haben *ein* Grundprinzip: sein Vertrauen zu bewahren und den geringsten Anschein von Vertrauensbruch zu vermeiden. Was ist nun der nächste Schritt? Angenommen, er teilt seine Verzweiflung mit, was dann?«

»Vielleicht«, antwortete Breuer, »muss es keinen nächsten Schritt geben? Vielleicht wäre die bloße Selbstoffenbarung eine so große Leistung, eine solche Veränderung seiner Lebensweise, dass sie allein schon ausreichen würde?«

»Ein einfaches Bekenntnis ist da genug, Josef. Wenn es so wäre, gäbe es keine neurotischen Katholiken!«

Irvin D. Yalom, *When Nietzsche Wept / Und Nietzsche weinte*

*

Ahora que empiezo a entrar en una edad provecta, después de haber visitado a lo largo de mis viajes – siempre con una carta de recomendación de don Miguel en el bolsillo que me abría todas las puertas – las más venerables Academias del mundo científico, me desazona en lo más profundo de mi alma que esas Academias estén pobladas en su inmensa mayoría por hombres simiescos, solterones rancios y lechuguinos vanidosos. Lo que convierte mi desazón en una profunda tristeza es el hecho de que estos grandes eruditos no parecen poseer el discernimiento necesario para tomar conciencia de su propio ser.

Nun, in meinem beginnenden Alter, nachdem ich während meiner Wanderungen durch die Welt der Wissenschaften – immer ein türöffnendes Empfehlungsschreiben Don Miguels in der Tasche – auch viele der ehrwürdigsten Akademien besucht habe, wundere ich mich tief in meinem Herzen darüber, dass diese Akademien vornehmlich und in der großen Mehrzahl von äffischen Menschen, Hagestolzen und eitlen Gecken bevölkert sind. Was meine Verwunderung aber weit hinunter zu tiefer Trauer wirft, ist die Tatsache, dass diese großen Gelehrten offenbar nicht imstande sind, Einsicht in ihr eigenes Wesen zu gewinnen.

Víctor Gotí, *Notas tardías sobre la novela de don Miguel, ›Niebla‹ / Späte Anmerkungen zu Don Miguels Roman ›Nebel‹.*

*

In den Jahren 1973 bis 1977 fanden im Haus von Felicitas D. Goodman, einer Professorin für Linguistik und Kulturanthropologie in Columbus

(Ohio, USA), Zusammenkünfte experimenteller Art statt, Séancen sozusagen, allerdings ohne Spiritismus. Es ging um Trancen. […] Den Damen und Herren Professoren waren Entrückungszustände nichts Neues, derlei kannten sie aus den vielen Forschungsübersichten über die Tätigkeit von Schamanen, Medizinmännern, Zauberern aus dem Bereich der Naturvölker zur Genüge.

Adolf Holl, *Religionen*

*

It is only in the philosophy of the sects, in what may be called the new vedânta […], that an attempt will be made to formulate with any exactness a radical solution.

Nur in der Philosophie der Sekten, in der sogenannten neuen Vedânta […], wird der Versuch unternommen, mit aller Genauigkeit eine radikale Lösung zu formulieren.

A. Barth, *The Religions of India / Die Religionen Indiens*

*

Wir schreiben das Jahr 1941. Es ist ein heller Sommermorgen. Bugenhagen beginnt zu studieren. Er hört Germanistik. Er hört die Kollegs von Friedrich Jacobs, meine Kollegs.

Walter Jens, *Der Mann, der nicht alt werden wollte*

*

›Be doers of the word, and not just hearers‹ (Jak 1:22). ›People who say fine things but don't do them, Diogenes said, were no different from a harp – deaf and insensible.‹ […]

Over against any reliance on an unexamined sayings / deeds dichotomy, there is a growing (if belated) agreement among a number ob biblical critics that some variant of ›speech act‹ analysis stemming from the work of J. L. Austin is not only true but importantly true. Words are to be seen as having ›performative force‹, utterance is an action, we ›do things with words.‹

›Seid Täter des Wortes und nicht nur Hörer‹ (Jak 1,22). Menschen, die schöne Dinge sagen, aber nicht tun, sagte Diogenes, sind nicht anders als eine Harfe – taub und unempfindlich. [...]

Im Gegensatz zu jeglichem Vertrauen in eine ungeprüfte Dichotomie von Worten und Handlungen gibt es eine wachsende (wenn auch verspätete) Übereinstimmung unter einer Reihe von Bibelkritikern, dass eine Variante der Analyse des ›Sprechakts‹, die auf die Arbeit von J. L. Austin zurückgeht, nicht nur wahr, sondern vor allem wahr ist. Worte haben eine ›performative Kraft‹, die Äußerung ist eine Handlung, wir ›tun Dinge mit Worten‹.

F. Gerald Downing, *Words as deeds and deeds as words / Worte als Handlungen und Handlungen als Worte*

*

Inside the envelope was a small, stencilled booklet with the liturgy of the Hawaiian Folk Mass, and a sheet of paper with a photocopied page from the Reader's Digest. A quotation from Miguel de Unamuno's *The Tragic Sense of Life* had been marked with green highlighter: ›In the most secret recess of the spirit of the man who believes that death will put an end to his personal consciousness and even to his memory forever, in that inner recess, even without his knowing it perhaps, a shadow hovers, a vague shadow lurks, a shadow of shadow of uncertainty, and while he tells himself: ›There is nothing for it but to live this passing life, for there is no other!‹ at the same time he hears, in this most secret recess, his own doubt murmur: ›Who knows? …‹

In dem Umschlag war ein kleines hektographiertes Büchlein mit der Liturgie der Hawaiianischen Volksmesse und ein Blatt Papier mit der Fotokopie einer Seite aus dem Reader's Digest. Ein Zitat aus Miguel de Unamunos *Der tragische Sinn des Lebens* war mit einem grünen Textmarker hervorgehoben: ›In der geheimsten Geistesnische eines Menschen, der davon überzeugt ist, dass der Tod seinem persönlichen Bewusstsein und all seinen Erinnerungen ein Ende setzen wird, in diese tiefinneren Nische erhebt sich ein Schatten, möglicherweise ohne dass der Betreffende auch nur davon ahnt. Ein verschwommener Schatten aus Ungewissheit lauert da. Und während jener zu sich sagt: ›Es bleibt einem nichts anderes übrig, als dieses vergängliche Lebe zu leben, denn schließlich gibt es kein anderes!‹ – zur selben Zeit hört er in dieser so überaus geheimen Nische das Murmeln seines eigenen Zweifels: ›Wer weiß? ...‹

David Lodge, *Paradise News / Neueste Paradies-Nachrichten*

*

Lord Henry looked serious for some moments. ›It is perfectly monstrous,‹ he said at last, ›the way people go about nowadays, saying things against one behind one's back that are absolutely and entirely true.‹

Lord Henry sah für ein paar Augenblicke ernst drein. ›Es ist vollkommen monströs‹, sagte er schließlich, ›wie Menschen heutzutage dazu übergehen, Dinge hinter jemandes Rücken zu erzählen, die ganz und gar und in jeder Hinsicht wahr sind.‹

Oscar Wilde, *The Picture of Dorian Gray / Das Bildnis des Dorian Gray*

*

Interrogabant autem eum discipuli eius, quae esset haec parabola. Quibus ipse dixit: »Vobis datum est nosse mysteria regni Dei, ceteris autem in parabolis, ut videntes non videant et audientes non intellegant.

Seine Jünger fragten ihn, was das Gleichnis bedeute. Da sagte er: Euch ist es gegeben, die Geheimnisse des Reiches Gottes zu erkennen. Zu den anderen Menschen aber rede ich nur in Gleichnissen; denn sie sollen sehen und doch nicht sehen, hören und doch nicht verstehen.

Novum Testamentum / Neues Testament,
Lukas 8, 9-10

1. Teil

Die Festschrift

I

Professor Hubertus Fischkirner, der bekannte Tübinger Theologe, wurde in diesem Jahr, im Jahr 1999, sechzig Jahre alt. Am 23. September, um genau zu sein. Professor Fischkirner ist unter den Theologen als *der Fischkirner* und über die Fachkreise hinaus vor allem den Lesern der ›Welt‹ und des ›Rheinischen Merkur‹ bekannt als der bedeutende Interpret des Gleichnisses von den Arbeitern im Weinberg (Mt 20, 1-6).

Vor drei Jahren schon hatten drei der Schüler Fischkirners sich zusammengesetzt und beschlossen, ihrem Lehrer nach akademischem Brauch zum 60. Geburtstag eine Festschrift zu übergeben. Diese drei Schüler waren: der Akademische Oberrat Trutz Winkelmann, der nach seiner Promotion im Jahre 1978 und der wenig später erfolgenden Verbeamtung die theologischen Forschungen nicht mehr mit ganzer Kraft betrieben hat. Er begann seinerzeit, den Traditionen der Mystik und der höheren Spiritualität nachzuspüren. Und er unterstrich diese neuen Interessen dann bald auch durch seine Lebensgestaltung. So flog er zum Exempel seit vielen Jahren in den Semesterferien – wann immer ihm Zeit blieb – in den Pandschab, um sich in den fortgeschrittenen Techniken der indischen Meditation unterrichten zu lassen.[1] Die beiden

1 Der Pandschab, so hat Trutz Winkelmann als Kenner Indiens einmal gesagt – der Pandschab sei eigentlich ein Landstrich, in dem es so gar keine Gurus gebe. Im Pandschab einen Guru treffen zu wollen, sei ungefähr so, als ob man ins Ruhrgebiet fahre, um dort den Weinbau zu studieren. Er aber habe ausgerechnet im Pandschab mit einem Mann namens Dasgupta wohl einen der

anderen Herausgeber waren die Hochschuldozenten Eberhard Wolf und Bernhard Selig. Die letzteren beiden haben Veröffentlichungen in der Forschungstradition Fischkirners vorgelegt, bewegen sich also wie ihr Lehrer im Grenzgebiet zwischen Exegese und Pastoraltheologie. Wenn auch, was betont zu werden verdient, nicht immer mit Ergebnissen, die Fischkirner gefallen – eine Sache, die dieser mit einer manchmal offen zur Schau getragenen Missbilligung jederzeit toleriert. Die Freiheit der Forschung ist ja spätestens nach der Habilitation unantastbar.

Bei jenem Treffen vor drei Jahren wurde zunächst die Frage aufgeworfen, wer zu der Festschrift beitragen solle. Professor Fischkirner hat, wie man weiß und wie sich denken lässt, einen so großen akademischen Bekannten- und Freundeskreis, dass unmöglich alle, die zu der Festschrift etwas beitragen konnten, auch gefragt werden durften, ob sie etwas schreiben wollten. Zu viele wären es gewesen. So wurden ausgegrenzt: die ausländischen Wissenschaftler, und auch die Nicht-Theologen konnten nicht berücksichtigt werden. Das war ein scharfer Schnitt, denn Fischkirner ist ja im Ausland, sogar im Fernen Osten und im südlichen Afrika, durchaus bekannt und geschätzt. Es gibt im Grunde genommen überall auf der Welt Menschen, die ihm wissenschaftlich verbunden sind. So war jenes Doppelkriterium natürlich von Beginn an höchst problematisch, und am Ende wurde Professor Meyer-Steinthal, der, erstens, an der Universität Graz lehrt und, zweitens, Historiker ist, doch mit in den Kreis

---

größten Gurus, die es in ganz Indien gebe, gefunden, seinen Guru nämlich, und zu dieser »hervorragenden Recklinghäuser Trockenbeerenauslese der indischen Spiritualität« – Winkelmanns Worte – ziehe es ihn mit ganzer Seele hin.

potentieller Beiträger aufgenommen, weil er, erstens, die Geschichte des Dreißigjährigen Kriegs erforscht und damit doch ziemlich nahe an der Kirchengeschichte lehrt, und weil er, zweitens, ein persönlicher Freund Fischkirners ist. Einer von Zweien, die Fischkirner als persönliche Freunde bezeichnet. (Der andere ist Fritz Roger, von dem noch die Rede sein wird.) Meyer-Steinthal konnte man, da waren sich die drei Herausgeber von Beginn an einig, nicht übergehen

II

Eine Überraschung ergab sich, als bekannt wurde: auch Frau Professorin Walser vom Zentrum für feministische Theologie der Tübinger Universität dachte daran, eine Festschrift für Fischkirner herauszugeben. Wie sie Winkelmann später freiheraus erzählte, war sie, in der ihr eigenen offenen, eben *weiblich offenen* Art, zu Fischkirner hingegangen und hatte ihn gefragt: Wen sie wohl als Mitherausgeber für eine Festschrift zu seinem 60. Geburtstag ins Auge fassen könne.

Hier muss angemerkt werden, dass Frau Walser im damaligen Stadium der allmählichen Entstehung des Feministisch-Theologischen Zentrums Fischkirner – mit einigem Grund – in allem und jedem um Rat fragte. Dieses wiederum hing damit zusammen, dass Fischkirner es gewesen war, der sie, wenn man es so sehen will, zur Professorin und Stellvertretenden Leiterin dieses Zentrums gemacht hatte. Sie hatte vormals, noch als Frau Dr. Walser und Assistentin bei Beierschoder in Freiburg – bei Beierschoder, der sich nicht um sie kümmerte und sie, wollte man es positiv ausdrücken: einfach gewähren ließ – den Kontakt zu Fischkirner gesucht. Dass sie, kaum promoviert, in der feministischen Zeitschrift ›Wortwechsel‹ und in der ›Zeitschrift für Frauenforschung‹ veröffentlicht hatte, ohne mit ihm darüber zu sprechen, hatte ihr Beierschoder wohl verübelt. So hatte Renate Walser denn bei Fischkirner wissenschaftlichen Halt gesucht. Denn Frau Walser hatte das Bedürfnis, die unerhörten Gedanken eines großen Lehrers und Theologen nicht nur zu hören, sondern sich ihnen anzuschließen, um von dort aus, wie von dem Basislager einer großen, geistigen Himalaja-Expedition, zu eigenen Standpunkten emporzusteigen. Beierschoder hat schließlich eher nebenbei die Habilitation der Frau Dr. Walser in Freiburg durchgebracht; doch da war Renate Walser bereits jahrelang an jedem Donnerstag von Freiburg nach Tübingen gefahren, um Fischkirners ›Inneres Kolloquium‹ zu besuchen und bei Fischkirner eben jenes Basislager geistiger Orientierung zu finden.

Nachdem Frau Dr. Walser nach Aufforderung durch und zusammen mit Fischkirner die ›Gesellschaft für Gleichnisforschung‹ gegründet und mehrere Tagungen dieser Gesellschaft ausgerichtet hatte, war Fischkirner nicht darum herumgekommen, so viel Treue und innere Zuneigung zu belohnen: Nachdem er von der Tübinger Universitätsverwaltung zum Kommissarischen Leiter des zu gründenden ›Zentrums für feministische Theologie und Theologie der Randgruppen‹ ernannt worden war und demzufolge auch mit mächtiger Stimme im Berufungsausschuss für die C3-Professur ›Feministische Theologie‹ saß, war es Fischkirner ein Leichtes gewesen, den Berufungsausschuss zu überzeugen, dass Frau Privatdozentin Walser die richtige Frau – endlich spielte hier die Frauenquote einmal positiv mit! – für diese Stelle war, und so bekam Renate Walser den allfälligen Lohn für ihre Treue und Fahrbereitschaft in Gestalt eben dieser C3-Stelle.

Es war also im Grunde nicht verwunderlich, dass Frau Professorin Walser daran dachte, ihre Dankbarkeit Fischkirner gegenüber noch einmal und jetzt in Form einer herausgegebenen Festschrift zu bekunden. Winkelmann, Wolf und Selig fanden die Bemühungen der Frau Professorin Walser dennoch befremdlich, ja vordrängerisch, da Frau Walser ja weder unter der Anleitung von Fischkirner promoviert worden war, noch sich mit seiner Unterstützung in Tübingen habilitiert hatte. Überhaupt schien den dreien der Weg, zu dem zu Feiernden selbst hinzugehen und ihn um Rat wegen eines Mitherausgebers oder einer Mitherausgeberin anzugehen, doch recht neben allem akademischen und sonstigen Comment, da ja eine Festschrift, zumindest dem ungefähren Ziele nach, eine Überraschung sein sollte, wie dies bei Geburtstagsgeschenken auch sonst der Fall ist. (Wie man hört, ist das Verhältnis zwischen Fischkirner und Renate Walser inzwischen nicht mehr ganz ungetrübt; doch sind dies vermutlich haltlose Gerüchte, wie sie in den Fakultäten und Fachbereichen der Universitäten immer wieder umlaufen.)

Mit Frau Walser wurde, was die Festschrift anbelangt, der gute Kompromiss gefunden, dass diese Festschrift für Fischkirner von den drei Schülern des Jubilars herausgegeben werde – selbstverständlich sollte sie, Frau Professorin Walser, mit einem herausragenden Artikel darin vertreten sein – und dass sie, als Professorin, die im Grunde genommen wichtigere, dienstbeschließende Emeritierungsfestschrift zum 65. Geburtstag Fischkirners in alleiniger Verantwortung und freier Wahl der Mitherausgeber gestalten werde.

III

Die Herausgeber trafen sich nach einem Jahr wieder. Es wurden die Adressen der möglichen BeiträgerInnen zusammengesucht, und die Feststellung und die daran sich anschließende Frage gingen hinaus ins Land: Professor Fischkirner wird sechzig. Wollen Sie einen Beitrag (Umfang: 15 Seiten) für eine Fischkirner-Festschrift schreiben?

Alle bis auf zwei Ausnahmen sagten binnen kurzem zu. Einige mit zusätzlichen Bemerkungen auf dem vorgegebenen Antwortformular. Nicht wenige ergänzten das ›An der Festschrift Fischkirner werde ich mit einem Beitrag teilnehmen‹ zu einem ›... werde ich *sehr gerne* teilnehmen‹, und Professor Meyer-Steinthal schrieb in zierlicher Schrift und kokett mit violetter Kardinalstinte auf dem rückzusendenden Vordruck, auf dem es hieß, dass die drei beschlossen hätten, eine Festschrift zu Fischkirners 60. Geburtstag herauszugeben: ›Eine vorzügliche Idee!‹ (Nicht beitragen zu der Festschrift konnte Professor Löwe, der Hamburger Kirchenrechtler, der schrieb: Die

Arbeitsüberlastung lasse es nicht zu, dass er teilnehme. Was er außerordentlich bedauere. Und überraschenderweise sagte auch Professor Birkle, Bamberg, ab. Dieser ohne eine Begründung, was die Herausgeber vorübergehend mit der Frage konfrontierte, ob es denn zwischen Birkle und Fischkirner zu einer Unstimmigkeit oder einer akademischen Kontroverse gekommen sei, von der sie nichts wussten. Eine unbedachte Bemerkung in einer Fußnote reicht unter Theologen ja für eine derartige Verstimmung leichthin aus. Die Frage blieb offen und ist bis heute nicht geklärt.)

Als Frist für die Abgabe der Beiträge war von den Herausgebern der 10. Januar des Jahres 1999 gesetzt worden. Bei dieser Terminfestsetzung wurde an diejenigen gedacht, die Aufsätze nur unter Termindruck schreiben können. Die Weihnachtsferien sollten diesen ›Spätberufenen‹ – ein Ausdruck, den Trutz Winkelmann prägte und der von seinen Mitherausgebern leise schmunzelnd akzeptiert wurde – zu Hilfe kommen.

Der erste Beitrag, der des Bonner Homiletikers Konrad Marr, traf Ende November 1998 ein. (Marr hatte sich einst, vor ungefähr zehn Jahren, unter der Schirmherrschaft Fischkirners habilitiert. Allerdings forschte er damals wie heute zu den Predigtlehren, vom ausgehenden Mittelalter bis zur Neuzeit, ein Thema, das Fischkirner weder damals noch heute interessierte.) Marrs Aufsatz mit dem auf den ersten Blick verwirrenden Titel ›Gardinen und Strafen. Zur Verwendung des Wortes *Predigt* in pejorativen Zusammenhängen‹ war, was die theologischen Gehalte und die Präsentation umfassender Belesenheit anging, wie immer gediegen. Marr schrieb in seinem

Anschreiben im übrigen launig, dass er, wenn es ihm endlich einmal gelungen sei, als erster seinen Beitrag abzuliefern, doch um die Überstellung einer Urkunde bitte, die dieses ausweise. Der Hochschuldozent Selig, der immer etwas übrig hatte für derartige Scherze, setzte sich an den Computer und an den Farbdrucker und gestaltete tatsächlich mit Hilfe eines Grafikprogramms eine Urkunde, die noch vor Weihnachten an Professor Marr ging.

Es kam dann noch vor dem gesetzten Termin Anfang Dezember der Beitrag des Eichstätter Hochschulassistenten Dr. Schwab. (Der durch sein kürzlich im Moosbrugger-Verlag erschienenes Buch ›Minima Theologica‹ die Augen der deutschen katholischen Theologie auf sich gezogen hat. Ganz in der Tradition seines Lehrers Fischkirner, bei dem er 1988 promoviert hat, interpretiert Schwab in diesem neuen Buch bekanntlich das Werk des österreichischen Schriftstellers Thomas Bernhard als eine auf das Existentielle des christlichen Glaubens verknappte und in der Reduzierung camouflierte minimierte Christlichkeit. In seinem Festschrift-Beitrag behandelte Schwab allerdings ein Thema aus seinem neuen, bei der Eichstätter Pastoraltheologin, Frau Professorin Dr. Lasker-Schünemann, als Habilitation-Gebiet abgesteckten Forschungsgebiet, der Theologie in den neuen Medien. Wobei er geschickt am Ende auch einige Kerngedanken Fischkirners zitierte. Die Untersuchung der ›Gleichnisse aus dem Wort zum Sonntag‹, die er einreichte, wies voller Ernst und eindrucksvoll nach, dass das Gleichnis auch in den neuen Medien das entscheidende Mittel christlicher Verkündigung geblieben war.)

Professor Friedrich Walter, Freiburg, der immerhin

zusammen mit Fischkirner die Reihe ›Theologische Urteile‹ herausgab, teilte erst jetzt mit, dass er keine Zeit habe und nicht an der Festschrift teilnehmen könne.

In dieser Zeit, so bleibt nachzutragen, erreichte Winkelmann noch der Brief des Amsterdamer Kirchenrechtlers Bernhard Jakob, der vormals in Tübingen seine ersten akademischen und durch den Bischof von Rottenburg seine kirchlichen Weihen erhalten hatte und der aus diesen alten Tübinger Tagen Winkelmann duzte und jetzt schrieb: ›Lieber Trutz, ich habe gehört, dass ihr eine Festschrift für Fischkirner herausgebt? Kann man da noch mitmachen?‹ Winkelmann fragte seine beiden anderen Mitherausgeber, die sagten ein schnelles, überlastetes ›In Gottes Namen!‹, worauf Winkelmann an Jakob schrieb: Ja, natürlich könne er, Jakob, an der Festschrift teilnehmen.

Der Religionspädagoge Prof. Rolf Danone, Tübingen, der zur Teilnahme eingeladen worden war, sagte gelegentlich eines kleinen Symposions am Zentrum für Feministische Theologie zu Selig: Herr Teufele – Professor in Stuttgart und nach Danones Worten Fischkirner doch sehr eng und herzlich verbunden – habe ihn, Danone, gebeten, doch einmal nachzufragen, ob er an der Fischkirner-Festschrift nicht teilnehmen könne. Selig sagte, da spreche wohl nichts dagegen; er müsse allerdings noch mit den beiden anderen Herausgebern reden. Das tat er denn auch. Oder vielleicht auch nicht. (Er wusste es später selbst nicht mehr.) Jedenfalls ging der Wunsch von Teufele irgendwie unter, sodass Professor Jakob sich als eingeladen ansehen durfte, wohingegen Teufele durch die halbe Nachlässigkeit Seligs nicht mehr angesprochen wurde. Was insofern eine gewisse Berechtigung hatte, als nun bereits 28 Teilnehmer feststanden und die Festschrift damit jenen Umfang erreichen musste, den zu überschreiten das Binden in einem einzigen Band schwierig machen würde. Und eine zweibändige Festschrift zu machen, wollten die Herausgeber, nicht zuletzt aus verlagstechnischen Gründen, auf jeden Fall vermeiden.

IV

Ende 1998 wurde auch das Verlagsproblem einer Lösung ein gutes Stück nähergebracht. Zuerst, mit dem Entschluss der Festschrift-Erstellung, hatten die Herausgeber wie selbstverständlich daran gedacht, das Buch im Moosbrugger-Verlag, Hildesheim, herauszubringen. Fischkirner hatte bei Moosbrugger selbst veröffentlicht; vor allem aber: er gab zwei wichtige und hochangesehene Reihen zur Exegese in diesem Verlag heraus. Doch antwortete Ferdinand Moosbrugger, der Verleger, auf die Anfrage von Bernhard Selig: Ja, er wolle gern eine Festschrift für Fischkirner machen. Allerdings erst zum 65. Geburtstag. Diese aufkommende Gewohnheit, schon zum 60. Geburtstag Festschriften zu machen, wolle er mit seinem Verlag nicht mehr länger mittragen.

Trutz Winkelmann missfiel dies, denn er wusste anzuführen, dass ein Jahr zuvor im Moosbrugger-Verlag eine Festschrift zum 60. Geburtstag des Berliner Psalmenübersetzers Siegfried Fröhlich herausgekommen war. Die beiden anderen Herausgeber meinten allerdings, dass Moosbruggers Antwort schon einer entschlossenen und endgültigen Ablehnung gleichkäme, und so wurde bei Moosbrugger nicht noch einmal angefragt.

Der nächste Verlag, der von den Herausgebern ins Auge gefasst wurde, war der Kleinle Verlag in Sindelfingen. Fischkirner hatte, zusammen mit Meyer-Steinthal und einigen Fast-Freunden, vor Jahr und Tag Kleinle erst zu einem richtigen Verlag gemacht. Er hat die Geschichte in der Seminar-Kaffeerunde immer wieder einmal erzählt: Anfang der 70er Jahre war Kleinle ein »Verläglein«, bei dem das gesamte Geschäft aus der dünnen, freilich in Fachkreisen hochangesehenen Fahrradzeitschrift ›Rad und Rennen‹ und aus dem Vertrieb einiger Bücher über das Fahrradwandern bestand. Fischkirner selbst war ein begeisterter Radwanderer, der ›Rad und Rennen‹ abonniert hatte, und Fischkirner und Meyer-Steinthal, jung, unternehmungslustig, soeben promoviert, waren auf der Suche nach einem Verlag für ihre Dissertationen. (Es sei ergänzt: Gegenwärtig lassen seine umfänglichen Verpflichtungen es nicht zu, dass Fischkirner mehr als einmal im Jahr seinem Hobby frönt und irgendwo in der Welt zu einer Radwanderung aufbricht.) Weil die beiden, Fischkirner und Meyer-Steinthal, sich über die Bedingungen ärgerten, die ihnen die bestehenden Wissenschaftsverlage diktieren wollten, redete Fischkirner kurzerhand mit Eduard Kleinle, ob der nicht eine wissenschaftliche Reihe herausbringen wolle, und so entstand die Reihe ›Religion und Geschichte‹, in der als Band 1 Meyer-Steinthals Dissertation über ›Luthers implizite Theorie der Religionsgeschichte‹ und als Band 2 Fischkirners Dissertation ›Das Gleichnis als Gotterkenntnis‹ erschienen. Seitdem sind viele andere Dissertationen in der Reihe ›Religion und Geschichte‹ erschienen, und auch die meisten der Schüler Fischkirners haben ihre Doktorarbeiten von Kleinle verlegen lassen. Gegenwärtig gibt Fischkirner mit anderen Herausgeber-Kollegen insgesamt fünf verschiedene theologische Reihen bei Kleinle heraus.

Bei Kleinle rief nun Eberhard Wolf an und sprach mit dem Geschäftsführer, einem Herrn Hendler. Wolf berichtete, dass geplant sei, für Fischkirner eine Festschrift herauszugeben, redete ein wenig über den Kreis derer, die einen Beitrag schreiben wollten, und Herr Hendler versprach zurückzurufen. Sei es, dass Wolf den Festschrift-Plan nicht dringend genug dargestellt hatte, sei es, dass Hendler die Sache einfach vergaß – er meldete sich jedenfalls nicht, um das Interesse des Kleinle-Verlags an der Herausgabe der Festschrift zu bekunden. (So stellte es Wolf dar, und es ist also nicht gesagt, dass Wolf am Telefon nur halbherzig das Festschrift-Vorhaben schilderte und im Grunde genommen froh war, als Hendler sich nicht meldete.)

Selig erwähnte noch, dass er zu dem kleinen Omega-Verlag, Tübingen, gute Verbindungen habe, weil er die Verlegerin kenne; aber der Omega-Verlag sei im Grunde doch ein linguistischer Kleinverlag mit gelegentlichen literarischen Ambitionen und nicht so recht für theologisches Schrifttum geeignet. Außerdem habe Fischkirner zu Omega nun so überhaupt keine Verbindung.

So also ergab es sich, mit einer – im theologischen Sinn gesehen – erheblichen Zwangsläufigkeit, dass die drei Herausgeber schließlich auf den in Tübingen selbst ansässigen Litter-Verlag kamen. Im Besitz eines nicht weiter bekannten Dr. Litter, war dieser Verlag vormals – nach den späteren Worten von Bernhard Selig – eine reine ›Dissertationen-Umwälzanlage‹ gewesen. Er hatte also, wie Kleinle, Dissertationen gegen Bezahlung durch die Autoren herausgebracht. Seit drei Jahren allerdings war der Litter-Verlag prächtig erblüht, was, wie zu hören war, den besonderen Fähigkeiten eines von Litter engagierten Geschäftsführers, eines gewissen Dr. Templer, zu verdanken war.

Der Litter-Verlag in Gestalt eben jenes Dr. Templer meldete sich prompt, am nächsten Tag schon. Ja, sehr gerne würde er diese Festschrift machen, begeisterte sich Dr. Templer schon am Telefon. Zumal er zu Professor Fischkirner – doch, ja! – »einen besonderen Draht« habe. Fischkirner sei irgendwie, nun ja, nicht so konventionell wie andere Professoren. Sie hätten sich auch schon mal auf dem Tübinger Wochenmarkt getroffen, als sie es beide in der Mittagspause eilig gehabt hätten, und sie hätten dann Crêpes am Stand an der Ecke gegessen. So mit den etwas abgeschabten Jacketts und offenem Hemd und ziemlich unrasiert. Und die Frau am Crêpes-Stand, die habe ihnen da noch mit den Worten ›Ha jo, Sie baide möget so ebbes ja ganz gärn, net?!‹, noch eine Extra-Portion Cointreau auf ihre Crêpes gegossen. »Die hat gedacht, dass wir beide Alkis sind«, fügte Dr. Templer herzlich lachend und, für Exegeten, ein wenig überexplizit hinzu. (Selig zumindest fand, dass dieser Hinweis überexplizit sei. Er sagte sich allerdings wenig später, dass dies möglicherweise nur der Eindruck eines Menschen war, der sich daran gewöhnt hatte, die drei anderen Sinne der Worte immer und instinktiv mitzuhören.)

V

Selig also führte das erste und unverbindliche Gespräch mit Dr. Templer vom Litter-Verlag. Er war von seinen Mitherausgebern dazu ausersehen worden, weil er in seiner Eigenschaft als Kassier der Gesellschaft für Humanistische Theologie als einziger von ihnen – in den Worten Eberhard Wolfs – ›eine realistische Vorstellung vom Wert des Geldes‹ habe.

Selig nahm seine Aufgabe als Unterhändler sehr ernst. Er befragte drei Druckereien und Buchbindereien nach den Herstellungskosten eines 500-Seiten-Buches und konfrontierte Dr. Templer, der solches offenkundig von Autoren und Herausgebern nicht gewohnt war, mit den Zahlen. Dr. Templer beschwichtigte, redete sich über Seligs Angebot hinweg, das Buch selbst drucken und durch den Litter-Verlag nur vertreiben zu lassen. Nein, der Litter-Verlag habe ja seit neuestem eine eigene Druckerei, und da könne man das Buch sehr kostengünstig machen. Selig solle sich da nur keine Sorgen machen. Er, Templer, werde also, wenn es denn recht sei, schon einmal einen Vorvertrag machen. Ja, es werde sicher ein schönes Buch – so wie dieses hier, zum Beispiel … Und Dr. Templer griff in das Regal, in dem die vielen Litter-Bücher der vergangenen Jahre standen, und griff ein dickes, blassblaues Buch heraus. Es war die in Leinen gebundene prächtige Festschrift von Professor Löwe, Hamburg, die Selig natürlich bekannt war. Wunderbar sei so ein Buch doch, sagte Dr. Templer schnell. Eine doch wirklich – nicht wahr? – repräsentative Gabe!

Selig, wie er so dasaß, kam nicht darum herum, sich die Gestalt des Dr. Templer genauer anzusehen. Er war verblüfft, ja geblendet von so viel dunkler, flinker Agilität. Dr. Templer war klein, hager, und mit seinem Schnäuzerchen und den eng zusammenstehenden, tief in den Höhlen liegenden kleinen Augen hatte er etwas von einem Wesen, das Bücher, ja Papier überhaupt am liebsten hatte, um daran zu knabbern. Ein wenig verwirrt nahm sich Hochschuldozent Selig vor, sehr vorsichtig zu sein; was seinen Auftrag zu einer professionellen Verhandlungsführung anbelangte, war es ihm sehr ernst.[1]

VI

So arbeitet ein professioneller Wissenschaftsverlag: Bereits zwei Tage nach dieser ersten Unterredung zwischen Templer und Selig lag der Vertragsentwurf auf Seligs Schreibtisch! Die drei Herausgeber sollten insgesamt DM 7.221,12 zahlen, und das Buch würde in einer Auflage von 400 Exemplaren erscheinen. Pro verkauftem Exemplar, und zwar eigenartigerweise vom 21. Exemplar an, würden die Herausgeber DM 11,20 wiederbekommen. Selig zuckte zusammen, bevor er noch den Taschenrech-

1 Selig führte später an, man hätte den Ärger mit dem Litter-Verlag voraussehen können, wenn man den Slogan, den dieser Verlag groß auf seinen Wandkalender für das Jahr 1998 gedruckt hatte, nur ernst genommen und als wirkliche Drohung verstanden hätte. *Publish or perish!* stand unheilschwanger auf dem Kalender, und Trutz Winkelmann kam später dann zu der Erkenntnis, dass der Litter-Verlag eigentlich meinte: *Publish a n d perish!*

ner zur Hand nahm. Er rechnete dann aus, dass von der Festschrift 612 Exemplare verkauft werden mussten, damit die Herausgeber ihren Einsatz wiederhatten. Und das bei einer Auflage von 400 Exemplaren, minus 21!

»Wenn wir einen größeren Betrag zum 60. Geburtstag von Fischkirner spenden wollen, dann sollten wir es dieser Hilfsorganisation von Bischof Tutu[1] geben, und das Geld nicht dem Litter-Verlag in den Rachen schmeißen!«, rief Selig in der Herausgeber-Runde entschieden aus. (Selig war bei einem seiner Lieblingsthemen. Er war seit geraumer Zeit der Auffassung, dass Wissenschaftsverlage gänzlich überflüssig seien, wenn nur die deutschen Universitäten jeweils einen Universitätsverlag gründeten.) Seine Entschlossenheit trug Selig den Anschlussauftrag seiner beiden Mitherausgeber ein, mit Litter bzw. diesem Dr. Templer erneut und hart zu verhandeln. Durchaus mit der Drohung, das Buch würde im Falle der Nicht-Einigung im Kleinle-Verlag in Sindelfingen erscheinen.

VII

Zu viert saß man in einem kleinen Zimmer des Litter-Verlags zusammen. Selig hatte den neuen Vertrag skizziert, hatte ihn an den Litter-Verlag gefaxt, und der Vertrag war im Großen und Ganzen von Templer akzeptiert worden. Jeder der Herausgeber sollte nun DM 1000

1 Professor Fischkirner ist, wie bekannt, seit seinem Südafrika-Besuch im Jahre 1984 Bischof Tutu herzlich und freundschaftlich verbunden.

zahlen, und das eingesetzte Geld sollte nach 200 verkauften Exemplaren – Selig wusste, dass das realistische Verkaufszahlen waren – wieder bei den Herausgebern sein. Ja, gut, meinte Dr. Templer und versuchte sich den Eindruck eines Kaufmanns zu geben, der an die Schmerzgrenze des gerade noch kalkulatorisch zu Vertretenden gegangen ist – ja, gut, da sei er ihnen natürlich »wegen Fischkirner *sehr* entgegengekommen«. Nur Templers flinke Augen, die weiter indolent beobachtend hin und her huschten, verrieten dem aufmerksamen Beobachter, dass der Litter-Verlag immer noch ein gutes Geschäft machte. Und Dr. Templer setzte noch einige Bemerkungen obendrauf: Sie sollten es auch nicht weitererzählen. Aber es sei eben, nun ja: er wolle die Festschrift für Fischkirner *unbedingt* machen. Weil er für Fischkirner doch, ja, eben Sympathie – aber das habe er ja bei früherer Gelegenheit schon gesagt.

VIII

Es war den Herausgebern klar, dass es notwendig und sinnvoll war, die anderen, die zur Festschrift Fischkirner beitragen wollten und ihren Beitrag noch nicht eingereicht hatten, vor Weihnachten an den bevorstehenden Termin zu erinnern. Selig – der als Technikexperte galt, seit er mehrere fakultative Seminare zum Thema ›Kirche und Computer‹ angeboten hatte – verfasste ein Papier, in dem er die Eckdaten für die einzureichenden Disketten festlegte. Im wesentlichen besagten diese Hinweise, dass die Autoren möglichst unformatierte Texte einreichen sollten, wenn möglich in einer der neueren Word-Versionen. Aber auch, beispielsweise, WordPerfect-, Word- oder Starwriter-Texte könnten konvertiert werden. Allerdings, wenn jemand mit einem Nicht-Windows- oder Nicht-DOS-System seine Texte verfasse, mit einem Macintosh oder einem Linux-Rechner beispielsweise, dann müsse der Verfasser selbst Sorge tragen, dass der Text exportiert werde und also die Disketten unter Word oder als RTF-Dateien gelesen werden könnten. Und Fußnoten müssten dann, durch {*F Fußnotentext f*} begrenzt, *im Text* stehen. Außerdem sollte in jedem Falle eine Papierversion des Beitrags mitgeschickt werden.

Trutz Winkelmann, der sich vor nicht allzu langer Zeit seinen zweiten Computer mit vorinstalliertem Word for Windows gekauft hatte, sagte zu Selig, dass diese Anweisungen schon sehr kompliziert und für Theologen wie ihn eigentlich zu technisch seien; aber, nun gut, er wolle Selig da nicht dreinreden; der werde schon wissen, wie es richtig sei.

Als Stylesheet wurde diesem Schreiben ein Auszug aus dem Aufsatz von Konrad Marr und das Literaturverzeichnis des Marrschen Beitrags beigelegt. Marr hatte wie immer auch im Formalen sehr sorgfältig gearbeitet, und so konnte sein Beitrag im Großen und Ganzen als Vorbild dienen. Lediglich Marrs Vorliebe, im Literaturverzeichnis die Seitenzahlen mit ›p.‹ und ›pp.‹ anzugeben, wurde von den Herausgebern in das normalere ›S.‹ umgewandelt. (In diesem Stylesheet fehlten einige wichtige Dinge bzw. waren unzureichend formuliert, und außerdem fehlte es an ernsthaften Sanktionsdrohungen für den

Fall, dass sich jemand nicht an die Auflagen hielt – eine Tatsache, die sich in der Folgezeit rächen sollte.)

Margret van Leuwen, Hilfskraft am Lehrstuhl von Fischkirner, habe es im übrigen übernommen, das Verzeichnis der Fischkirner-Veröffentlichungen zu erstellen, sagte Eberhard Wolf beim nächsten Herausgeber-Treffen, und die beiden anderen Herausgeber waren zufrieden und fanden diese Angelegenheit bei Margret van Leuwen in guten Händen.

IX

Kurz nach Weihnachten und dann im Laufe des Januar kam tatsächlich das Gros der Beiträge bei den Herausgebern an, und diese machten sich daran, jeden der eingehenden Beiträge dreimal zu kopieren und dann korrekturzulesen. Hier erwies es sich sogleich, dass die überwiegende Zahl der Beiträgerinnen und Beiträger sich nicht an die Vorgaben jenes auf dem Marrschen Beitrag beruhenden, durchaus minimalistischen Stylesheets gehalten hatten. Überhaupt muss gesagt werden, dass die Art und Anzahl der Fehler und Seltsamkeiten, die sich in den Beiträgen offenbarte, darauf schließen ließ, dass eine große Anzahl der Einsender sich darauf verließen, dass aus eilig hingeworfenen Skripten unter der Kontrolle der Herausgeber erst noch theologische Aufsätze eines gewissen wissenschaftlichen Standards werden würden. Da wurde in souveräner Weise gegen alle Gepflogenheiten verstoßen, die in Hausarbeiten von Proseminaristen in puncto wissenschaftliche Manuskriptgestaltung wie selbstverständlich eingefordert wurden. Die Tippfehler und Rechtschreibfehler gingen weit über das Maß normaler Flüchtigkeit hinaus. Zitierte Literatur wurde im Literaturverzeichnis vergessen. Ein drei Wörter umfassendes Zitat fand sich angeblich auf den ›Ss. 234-229‹ eines ›Lexikons für Theolorie und Kirsche‹. Den Herausgebern schwindelte, als sie das Ausmaß der Schludrigkeit im ersten Anlesen der Manuskripte erahnten.[1] Aber noch waren sie guten Mutes, und die erahnbaren Probleme legten sich nur wie ein durchsichtiger Schatten auf die am Horizont stehenden Monate des neuen Jahres 1999. Noch war ein luzider Plan zur Stelle: Die drei Herausgeber sollten die eingehenden Manuskripte korrigieren, und dann sollten die Korrekturen in einem vierten Exemplar zusammengetragen werden. Dieses vierte Exemplar würde, zusammen mit der Diskette des jeweiligen Autors, zu dem Schreibdienst Meierl in der Wilhelmstraße gehen. Trutz Winkelmann hatte dort einige seiner handschriftlichen Skripte abschreiben lassen und war von den handwerklichen Qualitäten des Herrn Meierl sehr überzeugt. Das, so nahmen die drei Herausgeber mit einer kleinen, fröstelnden Unsicherheit an, würde die anfallende Arbeit in erträglichen Grenzen halten.

1 Wobei selbstverständlich angemerkt werden muss, dass einige der Aufsätze, die ankamen, in jeder Hinsicht perfekt waren. Doch waren diese Arbeiten in der absoluten Minderheit.

X

Der Januar war der Monat des stöhnenden Korrekturlesens. Hier taten sich vor allem Winkelmann und Wolf hervor, die mit Hingabe lasen und stöhnten: So etwas – nein, man habe es nicht ahnen können! Die Überraschungen vermehrten sich von Beitrag zu Beitrag. Die Schlichtheit, mit der der Emeritus Rottluff seine sieben Seiten gestrickt hatte, indem er einfach das Kapitel über das Fasten aus dem ›Reallexikon für Antike und Christentum‹ zusammengefasst, paraphrasiert und mit einigen gelehrten Anmerkungen versehen hatte! Und dazu diese aktualisierende Einleitung, indem er aus einer Frauenzeitschrift eine Passage über die Probleme des Schlankwerdens zitierte! Wolf stellte den interpretatorischen Zusammenhang wohl zutreffend her: Diese Einleitung sollte verdeckt und hoch ironisch auf die Verdienste anspielen, die sich Fischkirner beim Aufbau des noch immer in Gründung befindlichen ›Zentrums für feministische Theologie und Theologie der Randgruppen‹ erworben hatte.

Einige Seiten später zitierte Rottluff – und gab als Quelle eine Tonband-Kassette an! – dann Konrad Lorenz, der in einem Vortrag auf der Kassette angemerkt hatte, die menschliche Willensfreiheit sei beschränkt; zwar sei es ihm, Lorenz, einst recht leicht gefallen, das Rauchen aufzugeben, doch, vor ein paar Jahren, der Versuch, einige Kilo abzunehmen, sei ihm sehr schwer gefallen. »Dass er nicht auch noch Trude Herr mit ›Ich will keine Schokolade, ich will lieber einen Mann!‹«, zitiert, witzelte Wolf und stellte nebenbei sein umfassendes Wissen hinsichtlich der Kultur des einfachen Volkes unter Beweis. »Das hätte doch prächtig mit seinen Überlegungen zu Matthäus 26,20 übereingestimmt, nach denen Essen und soziale Gemeinschaft sowie Fasten und Einsamkeit derselben theologischen Grundkategorie zuzurechnen sind. Und wenn ich das schon höre: ›theologische Grundkategorie‹!«

»Na ja, so reden die Sozialtheologen eben«, versuchte Winkelmann die Wogen zu glätten, und Selig fügte müde hinzu, Wolf solle das mit der Schokolade an den Rand schreiben; Professor Rottluff würde es sicher gerne in seinen Text einbauen.

Wolf überging Seligs Vorschlag und sagte statt dessen ein bedeutungsvolles: »Hier!«, um Rottluff ein Fast-Plagiat nachzuweisen, und zitierte aus dem RAC – Band VII, ›Exkommunikation – Fluchformeln‹, Spalte 488: »Das asketische Motiv. Da das F. nach altchristlicher Auffassung außerordentliche Kraft im Kampfe mit dem Teufel u. der Sünde besitzt, nimmt es eine wichtige Stellung in der Lehre der Kirchenväter über die Zügelung u. Beherrschung verwerflicher Triebe ein.« Diese Stelle fand sich in der Tat nahezu wörtlich in Rottluffs Beitrag.

Es kamen auch bereits erste von den Autoren abgesegnete Exemplare wieder an. Der Bamberger Professor für Exegese Benno von Leistner bedankte sich artig für die ›wirklich sorgfältigen Korrekturen der Herausgeber‹. Winkelmann und Wolf merkten mit einigem Lachen an, zu diesem Dank habe Leistner allen Grund; sie hätten nämlich von Leistners Opus vollständig auf den Kopf gestellt und auf diese Weise erst etwas Sinnvolles aus Leistners Text gemacht.

Selig trug im übrigen von Beginn an sehr wenig zum Korrekturlesen bei. Später sagte er sich, dass er das wohl aus Instinkt getan hatte, dunkel ahnend, was ihn noch erwartete.

XI

In der Zeit, in der die meisten Aufsätze ankamen, trafen auch die Bitten um Fristverlängerung ein. Diesen wurde vorsichtig stattgegeben, denn die Herausgeber waren sich im Klaren darüber, dass sie nicht alle Aufsätze zugleich korrigieren konnten. Wenn die letzten Aufsätze Anfang März vorlagen, rechneten sie sich vor, müsste alles terminlich noch zu schaffen sein.

Bernhard Selig ließ sich vom Litter-Verlag einige Vorbildseiten zufaxen, um sich ein Bild über den Satzspiegel zu machen, und setzte sich anschließend an den Computer und formatierte zwei Aufsätze, von denen die Korrekturleser Winkelmann und Wolf sagten, dass es sich um ›mittelschwere Fälle‹ handle. Selig schickte die Probeformatierungen an einen Herrn Umstand, der beim Litter-Verlag für technische Fragen zuständig war. Er erfuhr, dass er oben und unten zu wenig Rand vorgesehen hatte, und Herr Umstand fügte einige Vorschläge hinzu, durch die die Druckvorlage gefälliger werden könnte. Vor allem wäre es gut, meinte er, wenn die Gedankenstriche nicht die gleiche Länge wie die Bindestriche hätten, und was die Anführungszeichen anginge, wäre es gut, wenn die einführenden Anführungszeichen unten und nur die

Schlussanführungszeichen oben stünden. Entsprechendes gelte auch für die einfachen Anführungszeichen.

Selig sah das alles durchaus ein. Wenn er allerdings die Korrekturwüsten vor sich sah, die sich in den Aufsätzen befanden, beschied er die beiden Mitherausgeber, so seien diese Dinge wirklich »satztechnische Peanuts«. Außerdem, rechnete er bei dieser Gelegenheit vor, habe er für das Formatieren dieser beiden Aufsätze gut neun Stunden gebraucht. Und die wirklich haarigen Fälle kämen ja noch! Wenn man für jeden Aufsatz nur drei Stunden rechne, so, habe er einmal überschlagen, kämen bei den Stundenpreisen von Meierl ungefähr noch einmal Kosten von fünftausend Mark heraus. Vielleicht tausend Mark weniger, vielleicht aber auch tausend Mark mehr.

Na ja, da müssten sie eben durch, meinte Trutz Winkelmann meditativ, während Eberhard Wolf sagte: Nein, das ginge doch nicht. Wenn sie zu den tausend Mark für Litter auch vielleicht noch jeder zweitausend für den Satz zahlen müssten ... Und außerdem sei das, was Selig da abgeliefert habe, doch prima! Selig solle doch den Rest auch machen. Warum eigentlich nicht. Dafür werde er vom weiteren Korrekturlesen freigestellt.

Ganz so zufrieden mit dem Satz war nun Winkelmann, der nach eigener Auffassung technisch unbegabt, aber in jeder Hinsicht ein Ästhet war, am Ende denn doch nicht. Die Schrift – »Ja, eben, 10 Punkt, damit wir umfangsmäßig hinkommen!«, warf Selig ein – war Winkelmann zu klein und der Zeilenabstand ebenfalls. Selig versprach einige weitere Versuche zu machen, und eine Woche später einigten sich alle auf eine schlichte 12-Punkt-Times-Roman als Grundschrift und auf einen Zeilenabstand von 1,17. Im übrigen wollten sie, wie Wolf betonte, Selig freie Hand lassen; der verstünde nun eben von diesen Dingen am meisten.

XII

Am 23. Februar brach Trutz Winkelmann zur weiteren Vervollkommnung seiner Meditationstechniken in den Pandschab auf. Um an seinem Fleiß und seinem guten Willen keinen Zweifel zu lassen, nahm er die jüngst eingetroffenen Artikel, die er noch nicht korrekturgelesen hatte, in seinem Reisegepäck mit, und er legte einige an ihn voradressierte Kuverts bereit, in denen im wöchentlichen Abstand die neu eintreffenden Beiträge ihm nachgeschickt werden sollten.

In den folgenden Tagen traf der 12 Seiten lange Aufsatz von Dr. Arnulf Büller ein. Mit diesem Aufsatz hatte es wiederum eine etwas aus der Reihe fallende Bewandtnis. Büller, mit Eberhard Wolf aus den Tagen des gemeinsamen Studiums befreundet, hatte einst bei Fischkirner über den ›Einfluss der katholischen Theologen des 19. Jahrhunderts auf die anglikanische Theologie‹ – mit einem für Fischkirner etwas untypischen Thema also – *summa cum laude* promoviert, und er hatte sich dann in der Kirchenfunkleitung des WDR in Köln beworben, als diese einen Redakteur für das *Wort zum Sonntag* suchte. Unter, wie man staunend hörte: 354 Bewerbern bekam Büller diese Stelle, was nach allgemeiner Meinung der Umgebung von Fischkirner auf verborgene, an der Universität unentdeckt gebliebene Qualitäten Büllers hinwies. Büller hatte immer als ein ständig aufgebracht wirkender, schnell redender Nervöser gegolten. Dass es mit den unentdeckt gebliebenen Qualitäten seine Richtigkeit haben musste, erwies sich schon zwei Jahre später erneut. Da wurde Büller nämlich als Sendeleiter ›Kultur‹ zum Süddeutschen Rundfunk in Stuttgart berufen. In dieser Eigenschaft war er mit einigen kenntnisreichen Kultursendungen auf dem Bildschirm zu sehen, und Bernhard Selig wunderte sich sehr, als er sah, wie der vordem nervöse Büller rhetorisch sicher und überaus ironisch einen hochfahrenden Dichter in die Schranken wies, als dieser sich über die Geistlosigkeit des Mediums Fernsehen beschweren wollte.

Bereits ein Jahr nachdem er zum Süddeutschen Rundfunk gegangen war, stieg Büller gar zum Stellvertretenden Fernsehdirektor auf. Wie einige Studenten, die hin und wieder als freie Mitarbeiter beim Fernsehen in Stuttgart arbeiteten, zu berichten wussten, hatte sich Büller inzwischen den Ruf eines stahlharten Medienmannes erworben, vor dem die Redakteure, wurden sie gerufen, in der Furcht des Herrn erzitterten. Berüchtigt sei Büllers schweigendes Dasitzen, das förmliche Genießen des Geruchs von Angstschweiß und dann sein Dazwischengehen mit kurzen, schneidenden Fragen, mit denen er tatsächlich rasch die Probleme auf den Punkt brächte. (Diese Redewendung, die Redakteure müssten »jederzeit in der Furcht des Herrn leben«, hatte Büller bei einem seiner seltenen Besuche in Tübingen in die Runde geworfen, und Fischkirner, der nach Art vieler Theologen ein überaus zwiespältiges Verhältnis zur Macht hatte, war, als ihm dieses zugetragen wurde, voll der anerkennenden Worte für Büller. Büller zeige, dass ein gebildeter Theologe auch in der Welt der Medienknechte recht seinen Mann zu stehen wisse, soll Fischkirner gemäß einer an seinem Lehrstuhl inzwischen zur Glaubenssicherheit erstarrter Überlieferung damals formuliert haben.)

Arnulf Büller hatte also mit Wolf telefoniert, hatte gehört, dass eine Festschrift für Fischkirner in Vorbereitung sei, hatte, wiewohl zunächst nicht zur Teilnahme eingeladen, mit zwei anschließenden Anrufen seine Bereitschaft bekundet, ebenfalls einen Beitrag zu liefern, und Selig und Winkelmann hatten dem sogleich zugestimmt. Er wollte, so kündigte Büller ein wenig geheimnisvoll an, sein gegenwärtiges berufliches Umfeld mit einigen Problemen der Theologie verbinden.

Der Artikel, der jetzt kam, war flott untheologisch geschrieben, wie Selig fand. Ein stilistischer Farbtupfer in der zu erwartenden Festschrift. Dieser Artikel also wurde sogleich mit zwei weiteren in eines der vorbereiteten Kuverts getan und zu Trutz Winkelmann in den Pandschab geschickt.

Wie sich später leicht erschließen ließ, musste es so gewesen sein: Trutz Winkelmann hatte den Beitrag von Arnulf Büller im fernen Indien sogleich gelesen, hatte zuerst nur gestaunt, war wenig später aber überaus zornig geworden, schrieb dementsprechend – das sah man später erst, als er das Korrekturexemplar aus Indien mitbrachte – auch die zornigsten Kommentare an den Rand der Kopie. Alles in allem, lautete das Verdikt, das Winkelmann zehn Tage, nachdem dieser Brief an ihn gegangen war, auf zwei Seiten aus dem Pandschab an seine Kollegen faxte – alles in allem sei das, was Büller da eingereicht habe, in der Festschrift jedenfalls unpublizierbar, weil kein wissenschaftlicher Text. Die Vermutung, dass theologische Verkündigung und das Medium Fernsehen irgend etwas spirituell Gemeinsames hätten, sei ja bereits durch die Forschungen von Buchholz aus dem Jahre 1994 widerlegt – eben jenes Buchholz, den Büller zwar zitiere, aber entweder nicht verstanden habe oder eben nur schmückend auf seinen Text klebe. Und dann Büllers einfach nur hingefetzte Meinung, es gebe im Deutschen keine wirklich guten Predigten und die Prediger könnten sich eine Scheibe bei den Showmastern des Fernsehens abgucken, das sei kalauernd-dümmlich und an den Haaren herbeigezogen. Mit solchen Behauptungen könnte Büller vielleicht bei Thomas Gottschalk auftreten, aber nicht in irgendeinem wissenschaftlichen Werk. Und schon gar nicht in der Festschrift für Fischkirner, der auf gediegene Wissenschaftlichkeit ja den allergrößten Wert lege.

XIII

Es lässt sich denken, dass damit die Probleme um den Büllerschen Beitrag nicht ausgestanden waren. Bernhard Selig war aus grundsätzlichen Erwägungen heraus anderer Meinung als Trutz Winkelmann. Das Herausgeben einer Festschrift sei, so Selig, in seinen Augen vom Herausgeben eines normalen theologischen Werkes grundsätzlich unterschieden. Was den Qualitätsaspekt angehe, so seien hier die Herausgeber nur Überbringer der Geschenke, für die die Verfasser – Schüler, Kollegen und Freunde, wie man so schön sage – ganz alleine die Verantwortung trügen. Wenn also Büller etwas essayistisch Lockerflockiges geschrieben habe, so sei das seine Sache, und er, Selig, plädiere sehr dafür, den Beitrag mit aufzunehmen. Nicht zuletzt deshalb, weil man ja, wenn die Qualitätsfrage einmal gestellt sei, auch alle anderen Beiträge prüfen müsse, und da seien doch so einige Kandidaten darunter, die ebenfalls einem strengen wissenschaftlichen Maßstab nicht genügten.

Als Winkelmann kurz vor Beginn des Sommersemesters von seiner Weiterbildungsreise zurückkehrte, wurde das Thema Büller noch einmal zwischen den drei Herausgebern diskutiert. Wolf, der unschlüssig war, weil er es gewesen war, der Büller schließlich zur Teilnahme aufgefordert hatte, steuerte Hintergrundberichte bei: Büller habe einem Studenten immerhin 500 Mark gezahlt, damit der in der wissenschaftlichen Literatur recherchiere. Schließlich habe Büller als verantwortlicher Medienmann keine Zeit mehr, Wissenschaftliches selbst zu lesen.

Nein, dass der wohlhabende Büller 500 Mark ausgegeben habe, sei ja nun wirklich kein Argument, das für die Qualität eines Artikels spreche, sagte Winkelmann sogleich und sehr ernst. Nein, und er sei nach wie vor dafür, das Büllersche Machwerk abzulehnen. Selig sagte frei heraus, dass ihm diese flotte Schreibe, Wissenschaft hin oder her, durchaus gut gefallen habe, und im übrigen – hier wiederholte Selig seine Auffassung, dass eine Festschrift, was die Herausgeberverantwortung für die Qualität der Beiträge anginge, eine, so Selig wörtlich: »eigene Kiste« sei.

Damit stand es, was die Aufnahme von Büllers Aufsatz anging, unentschieden. Wolf wiegte sein eindrucksvolles, im Lauf der Jahre schütter gewordenes Haupt hin und her und sagte schließlich, lächelnd unter der Qual der Entscheidung, er habe den Büllerschen Erguss jetzt mehrfach gelesen, da stimme zu viel nicht. Zwar zitiere Büller zweimal Buchholz; aber er zitiere ihn – er, Wolf, habe da noch einmal bei Buchholz nachgelesen – einfach sinnentstellend. Also sei er, so schwer es ihm fiele und seine Freundschaft mit dem hochfahrenden Büller sei schließlich durch diese Ablehnung auf das Akuteste gefährdet – nein, er müsse sich Winkelmann anschließen: Dieser Beitrag sei in der Festschrift nicht zu publizieren. Er selber werde das Büller mitteilen, wenn sie es wollten.

Damit war diese Sache entschieden, und Wolf, der sich seufzend drein ergab, wurde von den beiden anderen Herausgebern gebeten, Büller tatsächlich den Entschluss mitzuteilen. Wobei Selig darum bat, sein unterlegenes Sondervotum ebenfalls an Büller zu übermitteln.[1]

---

1 Anmerkung des Herausgebers: Unmittelbar vor der Drucklegung des vorliegenden Berichts hat mich Bernhard Selig angerufen, um folgenden nicht uninteressanten Hinweis nachzutragen: Vor kurzem hätten er, Selig, und Büller sich doch tatsächlich rein zufällig in Göttingen getroffen und man habe sich über die alten Zeiten und auch *en passant* über die damalige Festschrift unterhalten. Dabei habe es sich herausgestellt, dass Eberhard Wolf es gewesen sei, der Büller dringend zur Teilnahme an der Festschrift ermahnt habe. Büller habe eine Zeitlang – mit dem Hinweis auch, er sei es nicht mehr gewohnt, wissenschaftlich zu schreiben – dieses Ansinnen von sich gewiesen, aber er habe sich schließlich überreden lassen, doch einen Beitrag zu schreiben. – Nun müsse er selbst, meinte Selig da am Telefon, um der Fairness willen festhalten, dass er einfach nicht mehr wisse, ob ihm sein Gedächtnis da einen Streich spiele oder ob Wolf tatsächlich im Kollegenkreis die Sache so hingestellt habe, dass Büller angefragt habe, ob er einen

XIV

Seit er sich in der Frühzeit der PC-Entwicklung einen kleinen C 64 gekauft und damit herumexperimentiert hat, gilt Bernhard Selig bei den Tübinger Theologen als Computerexperte. Er hat es, mit einigen Kursen, die er zur Textverarbeitung und der Rolle von Datenbanken in der theologischen Forschung abgehalten hat, sogar zum Vorsitzenden eines EDV-Fachbereichsausschusses gebracht. Ein Amt, das er vor zwei Jahren an den Akademischen Rat Eisental weitergegeben hat.

Nun hatte, wie schon gesagt, Selig seinen beiden Kollegen vorgerechnet, dass der Schreibdienst Meierl fünftausend, und er korrigierte jetzt nach oben: wahrscheinlich eher 7.000 Mark für die Ausführung der Korrekturen und die Einrichtung der Druckvorlage verlangen werde. In den Semesterferien hatte sich Selig an seinen Pentium 90 gesetzt und einige weitere Beiträge korrigiert und formatiert. Dabei hatte sich diese Rechnung ergeben. Und eine weitere deprimierende Botschaft des Hiob brachte Selig zu diesem Treffen mit. Er habe, nachdem jetzt acht Beiträge bearbeitet seien – er sprach langsam und müde –, er habe einmal hochgerechnet, wie viele Seiten die Festschrift in der 12-Punkt-Schrift und diesem Zeilenabstand umfassen würde, und sei dabei auf 640 Seiten gekommen. Mit dem Verlag aber seien bekanntlich

---

Beitrag leisten dürfe. Da Seligs Erinnerung an dieser Stelle also nicht verlässlich ist, muss offen bleiben, wie es sich tatsächlich verhält. – Diese Darstellung des Bearbeiters von 2004 kann ich nun selbst bestätigen. Ich wusste und ich weiß es einfach nicht mehr. B. S.

488 Seiten vertraglich vereinbart. Er habe schon bei der Buchbinderei angerufen, und die 640 Seiten seien so grade noch zu binden; aber natürlich werde, man kenne ja den Litter-Verlag, von diesem Verlag ein entsprechender Aufpreis verlangt werden.

Gegen jeden Aufpreis und überhaupt gegen jede weitere finanzielle Belastung wandte sich wiederum der im sonstigen Leben durchaus großzügige Eberhard Wolf ganz entschieden. Er tat dies, weil er derartige Zusammenhänge stets, im Wittgensteinschen Sinne, als Sprachspiele begriff, deren Ziele in sozialen Zusammenhängen und außerhalb des Einzelmenschen festgelegt waren. Hier also ginge es um Ausgabenminimierung. (Und auch wenn Ludwig Wittgenstein dieses Wort niemals in den Mund genommen hat und, gesetzt er lebte in diesem Jahr 1998 noch, auch nicht in den Mund genommen hätte: der Begriff hieß nun einmal *Ausgabenminimierung*, und die Idee war dem Schöpfer also aus der Hand genommen und brachte ihre eigenen Begriffe hervor. Privatsprachen gab es nicht.)

So wurde nach einigem Nachdenken und Diskutieren festgelegt: Bernhard Selig würde Sabine Breuer, eine Studentin, die schon bei der Herausgabe eines Buchs des Tübinger Wittgenstein-Archivs gut und zuverlässig gearbeitet hatte, für die Korrekturen anstellen, sodass Selig genügend Zeit für das Formatieren bliebe. Den Lohn für Sabine Breuer, im Tarif der üblichen studentischen Hilfskraftarbeit, würden sich die drei Herausgeber teilen. Außerdem bekam Selig nun freie Hand, den Satz mit einer beliebigen Schriftgröße auszuführen, Hauptsache, die 488 Seiten an Umfang würden nicht überschritten.

XV

Der technische Zusammenhang, der die nächsten zwei Monate beherrschte, war nun der folgende: Winkelmann und Wolf hatten die eingereichten Papierfassungen korrekturgelesen. Einer von beiden hatte, wenigstens in den allermeisten Fällen, die vorhandenen Korrekturen in eine ›vierte Fassung‹ eingetragen. (Das dritte Exemplar war das von Selig, ob dieser die Aufsätze gelesen hatte oder nicht.) Die vierte Fassung nahm nun Sabine Breuer samt Disketten mit nach Hause, um die Korrekturen einzutragen. Die Diskettenfassungen hatte Selig auf einigen wenigen Disketten zusammenkopiert.

Dieser so einfache und durchsichtige Zusammenhang wurde sogleich durch einige systematische Schwierigkeiten wieder gänzlich undurchsichtig. Die wesentlichste Problem war: dass die verschiedenen Verfasser bzw. deren Sekretariate die Beiträge in verschiedenen Textformaten – vulgo: mit verschiedenen Textprogrammen – erstellt hatten. Die Probleme, die sich daraus ergaben, hatte Bernhard Selig, der Computerfachmann, nicht bedacht, als er in seinem Stylesheet formulierte, »gängige Textformate wie WordPerfect, Word oder Starwriter« könnten verwendet werden. Er hatte – Teil jener katholischen Theologenfamilie, die im praktischen Leben immer und überall auf die Macht des Geistes vertraut – eben darauf vertraut, dass irgendein Transformationsprogramm der großen Textverarbeitung Starwriter oder WP for Windows, schon einen hinreichend genauen Import der Dateien möglich machen werde.

Nun, nach den ersten Versuchen des Formatierens einiger Texte, ahnte er schon seinen Irrtum. Das ganze Ausmaß seiner Leichtfertigkeit aber sah er erst, als er nun daranging, die übrigen Texte in ihren Dateifassungen zu sichten: Die Dateien stellten sich sogleich als ein Dschungel an Ungereimtheiten dar. Der erste Grund lag darin, dass offenbar Theologen, wiewohl sie schon seit einiger Zeit PC-Textverarbeitungen benutzten, dennoch dem Schreibmaschinen-Denken nicht einmal ansatzweise entwachsen waren. Was bedeutete, dass ihre Typoskripte nach außen hin, in den Papierfassungen, eine durchaus akzeptable Gestalt aufwiesen. Diese Gestalt aber war bei den meisten wie ehedem durch Leerzeichen oder, was bereits als ein Fortschritt an Verständnis anzusehen war, durch Mehrfach-Tabulatoren entstanden. Eine einfache Tabelle der Form:

Wunder: Man kann die Wundergeschichten insgesamt durch ihr Motivinventar von allen anderen Gattungen abheben.	Heiliger: Die Herrlichkeit des Heiligen wird in seiner irdischen Verstricktheit offenbar.
Allmacht: Das Paradox der A. wird in die Gottesferne entrückt.	Unterwerfung: Die U. unter den Willen Gottes erreicht das Bewusstsein des heiligmäßigen Menschen nicht.
Gerechtigkeit: Das Bestreben, gerecht zu sein, erfüllt sich im Werk des Nicht-Verlorenen.	Streben: Das St. des ›Heiligen‹ gleitet als Symbol in die Schatzkammern des Pharaos ab.

zerfiel, kaum dass die Ränder an die Seitenvorgaben angepasst worden waren, in diese Form:

```
Wunder: Man kann die Wundergeschichten
insgesamt durch ihr Motivinventar von allen
anderen Gattungen abheben.Heiliger: Die
Herrlichkeit des Heiligen wird in seiner
irdischen Verstricktheit offenbar.

Allmacht: Das Paradox der A. wird in die
Gottesferne entrückt.Unterwerfung: Die U.
unter den Willen Gottes erreicht das
Bewusstsein des heiligmäßigen Menschen
nicht.

Gerechtigkeit: Das Bestreben, gerecht zu
sein, erfüllt sich im Werk des Nicht-
Verlorenen.Streben: Das St. des ›Heiligen‹
gleitet als Symbol in die Schatzkammern des
Pharaos ab.
```

Selig versuchte die Probleme, die sich aus diesem simplen Tatbestand ergaben, Trutz Winkelmann, der selbst immerhin schon zu den Mehrfach-Tabulierern und nicht zu den Leerzeichen-Verwendern gehörte, in einer Kaffeepause zu erklären: Wurde ein Text, der seine Absätze und Einrückungen aus lauter Leerzeichen zusammensetzte, umformatiert – was ja bei jedem der 28 Texte zwangsläufig der Fall war –, so geriet der Text unweigerlich und unaufhaltsam »ins Rutschen«. Vor allem bei Schaubildern, Modellzeichnungen und Tabellen, deren sich viele moderne Theologen in erheblichem Umfang und manche fast mit einer Art monomanischer Verliebtheit bedienen, wurde so aus einem auf dem Papier ordentlichen und übersichtlichen Text innerhalb von einer Sekunde ein Chaos. Es genügte, dass man die Ränder und die Schrift änderte, und schon war die ganze schöne Ordnung *zum Teufel.* (Selig versuchte am Anfang einige Male, wenn er mit roten Augen nächtens vor dem Computerbildschirm saß, diese Chaosbildung in ein Gleichnis zu übersetzen, um es dann mit den Mitteln der Fischkirnerschen metonymischen Exegese zu dekonstruieren; er unterließ diesen Versuch angesichts der undurchdringlichen Komplexität des Faktischen dann aber schnell.)

Trutz Winkelmann sah, wie er sagte, durchaus ein, dass sich hier technische Schwierigkeiten für den Druckvorlagengestalter ergaben; aber ein Glimmen in den durch die vielen Meditationen durchsichtig gewordenen Augenwinkeln zeigte Selig sogleich an, dass Winkelmann die Schwierigkeiten für gering ansah und jedenfalls nicht nachempfinden konnte und, da sie ihn von seinem Streben nach einem heiligmäßigen Leben abhielten, wohl auch nicht verstehen wollte.

Eberhard Wolf, dessen Bemühen um Weisheit-in-Gestalt-von-nachweisbarer-Belesenheit kraftvoll und entschlossen alles ausblendete, was nicht in Buchform gefasst und damit nachlesbar war, und der sich vor einiger Zeit darangemacht hatte, eine vollständige Noch-einmal-Paul-Tillich-Gesamt-Lektüre in Gestalt eines *›Endgültigen ja tatsächlich ultimativen aus katholischer Sicht verfassten Kommentars zum Werk Tillichs‹* zu einem guten Ende zu bringen, Wolf also sagte in diesem Stadium der Arbeit voller abweisenden Charmes: Selig werde das schon machen. Wenn einer, dann doch er, Bernhard Selig, der Computerexperte, dem so etwas, dieses Herumfummeln mit dem

Computer, doch Freude bereite! Er machte außerdem deutlich, dass er, Wolf, die jetzt anstehende Zeit des Sommersemesters dringend brauchte, um noch 4 Tillich-Bände konzentriert, ruhig und genussvoll zu lesen, zu durchdenken und seinem Gedächtnis anzuvertrauen. Für Selig, das sei ja bekannt, sei das Herumbasteln am Computer doch so etwas wie die Schaffung von Ichgewissheit. Wobei er, Wolf, allerdings darauf hinweisen müsse, dass die Ichgewissheit – und er zitiere jetzt Paul Tillich wörtlich: »kein Fundament unbedingter Gewissheit« sei. Die Ichgewissheit werde, so noch einmal Tillich, und zwar wörtlich: »von einem Traumschleier überdeckt, wenn die Außenwelt, auf die sie bezogen ist, sich in Schein auflöst«.

XVI

Sabine Breuer erzählte Bernhard Selig die folgende Episode beim Kaffeetrinken in einer Arbeitspause: Sie habe in der Nacht vom 3. zum 4. Juli mit einigen Sorgen daran gedacht, dass sie im kommenden Wintersemester und im darauffolgenden Sommersemester endlich ihr Staatsexamen ablegen wolle. (Um genau zu sein: sie sagte nicht, dass sie das Examen in Theologie und Romanistik *ablegen* wollte; sie wollte das Examen, so ihr Wort, »durchziehen«.) Wirklich alles sei ihr da so durch den Kopf gegangen. Dass Bernhard Selig sie vor einer Woche gefragt habe, ob sie die Korrekturen der Fischkirner-Festschrift-Beiträge am PC eingeben wolle. Sie lachte. (Bernhard Selig fühlte, wie eine Welle agapeischer Zuneigung für diese junge Frau in ihm aufstieg, und er vermerkte im gleichen Augenblick, wie wohl er sich fühlte, weil ihm auch klar war, dass sich in dieser Zuneigung jegliche erotischen, das zölibatäre Leben störenden Elemente leicht unterdrücken ließen.) Abgesehen davon, dass eine solche Anfrage einer jungen Frau das gute Gefühl gebe, zumindest im weiteren Sinne zum engeren Fischkirner-Kreis zu gehören, könne sie das Geld gut gebrauchen, um vor dem Examen noch einmal ihrem großen Hobby zu frönen.

Ihre Leidenschaft war das Reisen. Ja, sie brauchte noch ein wenig Geld, um in den kommenden Semesterferien, wenn sie sich schon, so die Göttin der Theologinnen ihr gnädig war, zum Examen angemeldet hatte – sie brauchte noch ein wenig Geld, um diese eine große Reise zu machen. Diesmal solle es ja, nachdem sie während ihres Studiums bereits in insgesamt drei großen Reisen das Festland der USA erkundet habe, Hawaii sein! Da habe sie also gesessen und habe sich so ihre Gedanken gemacht, und dann sei ihr innerer Blick auf die hawaiianischen Strände zurückgekehrt auf den Computerbildschirm vor ihr und auf die Seiten, die links neben dem Bildschirm lagen. Selbst der große Küng, der mit seiner knappen, philologisch strengen Abhandlung mit dem Titel ›Zu Kreuze kriechen‹ vor ihr lag, hatte einige formale Fehler gemacht! Und alle kleinen und großen Ungereimtheiten waren von Winkelmann und Wolf sorgfältig angemerkt worden. Dass sie, Sabine Breuer, noch ganz selbständig diesen hübschen, bestimmt nicht alltäglichen Fehler gefunden habe, habe sie zufrieden gestimmt …

Das war es dann, was Sabine Breuer weiter berichtete: Es war ihr aufgefallen, dass in Küngs Aufsatz ein Ausdruck stand, den sie noch nie gehört hatte und auf den sie sich keinen Reim machen konnte. Eine Abschnittsüberschrift hieß ›Das großkanonische Recht‹. Sie wusste nicht, was das bedeuten sollte. Zumal im Text des Abschnitts und des ganzen Aufsatzes ein ›großkanonisches Recht‹ nicht mehr vorkam. So habe sie vorgestern, nachdem sie das gesehen hatte, nacheinander Wolf und Winkelmann angerufen. Die hätten diese Sache offenbar einfach übersehen! Jedenfalls hatten sie keinerlei Anmerkung in der 4. Fassung gemacht. Winkelmann, den ihr Anruf wohl beim Meditieren störte, habe schläfrig und leicht gereizt gesagt, sie solle doch einfach Küng anrufen und Küng selbst fragen. So habe sie – sie, Sabine Breuer, Studentin! – mit Küng persönlich telefoniert! Sie habe erläutert, dass sie eben daranginge, seinen, Küngs, Beitrag für die Festschrift Fischkirner zu korrigieren, und da sei ihr das ›großkanonische Recht‹ aufgefallen. Von dem sie nicht wisse, was es sei. Ob das denn so seine Richtigkeit habe. Küng am anderen Ende der Leitung, verbindlich und streng zugleich, mit seinem bekannten Tonfall des rollend-unterdrückten Schweizer Idioms, hatte in Papieren geraschelt: ›Warten Sie, Frau ...‹ – ›Breuer‹, habe sie noch einmal gesagt. ›Ja, Frau Breuer, noch einen Moment, bitte!‹ Sie hatte förmlich hören können, wie er nach dem Aufsatz inmitten der vielen Texte suchte, die auf seinem Schreibtisch lagen. Und dann, nach zwei, drei Minuten des Papierraschelns, ein erfreutes: ›Ah, ja, hier! Ja. Auf welcher Seite, soll das stehen?‹ – ›Auf Seite 13‹, habe sie wiederholt. Papier wurde hörbar umgeblättert. Und dann habe der große Professor Küng tatsächlich gelacht, und als er ihre Irritation bemerkte, habe er erläutert, wie es zum ›großkanonischen Recht‹ gekommen war: Er hatte den Aufsatz ins Diktiergerät gesprochen und seiner Sekretärin mitgeteilt, dass sie das Folgende groß zu schreiben habe. Also war auf dem Band zu hören gewesen: ›Das (groß!) Kanonische Recht‹. Und daraus war beim Abschreiben das ›Großkanonische Recht‹ geworden! – ›Mein Gott, wie gut, dass Sie da aufgepasst haben, Frau – eh – Bäuerle!‹, habe Küng gesagt. ›Es wäre ja nicht auszudenken gewesen, wenn der verehrte Kollege Fischkirner mit diesem Lapsus ausgerechnet in seiner Festschrift konfrontiert worden wäre! Ja, wirklich! Schön, dass Sie mitgedacht haben!‹ Sie habe sich richtig gut gefühlt, und dann habe sie gleich noch aus einer ›Offenbraung‹, die Winkelmann und Wolf übersehen hatten, die ›Offenbarung‹ gemacht.

XVII

Bernhard Selig saß in der Nacht vom 5. zum 6. Juli vor dem Computerbildschirm und formatierte den Aufsatz von Fritz Roger. Es war durch die Gespräche und die Erzählungen Fischkirners hinlänglich bekannt: Roger war, wie weiter oben erwähnt, der zweite Freund Fischkirners – Freund, Schüler und, seit zwei Jahren wirklich: auch Kollege. In den Zeiten, als der Wind der 68er-Bewegung die Universitäten durchweht hatte, als Fischkirner noch Assistent von Schwarz an der Universität zu Köln gewesen war, da hatte er Roger aus dem Gewusel der Studenten herausgepickt und ihm eine Stelle als Studentische

Hilfskraft verschafft. Nach seinem Ruf nach Tübingen hatte Fischkirner Roger als Akademischen Rat in Köln zurückgelassen, und ein paar Jahre hatte es wohl gar nicht so gut um Rogers Karriere ausgesehen. Doch dann war er in Köln doch C3- und noch einmal später und schlussendlich doch C4-Professor und also Lehrstuhlinhaber in Trier geworden.

Für Selig und seinen blauen Bildschirm reduzierte sich die Komplexität des wissenschaftlichen Lebens in dieser Nacht auf den Spaltensatz, die Tabellen, die Roger über seinen Aufsatz eingestreut hatte, und auf die nicht so ganz selten vorkommenden altgriechischen und hebräischen Zitate, die Roger handschriftlich in Leerstellen eingesetzt hatte. ›Ich sollte diese Stellen ausschneiden und in den Text kleben!‹, schoss es Selig immer wieder einmal durch den Kopf. Aber dann machte er sich doch wieder daran und suchte Zeichen um Zeichen zusammen, um die Zitate auf griechisch und hebräisch erstrahlen zu lassen.

Anschließend blieb Seligs müder, bildschirmfarbener Blick an einem französischen Zitat hängen, das Roger überaus kunstvoll in seinen Text eingeflochten hatte und dessen Inhalt sich Selig nun mit seinem nicht gerade ausgezeichneten Französisch klarzumachen suchte.

Immerhin verstand er schnell so viel: dass man alles Geistige und Abstrakte auf dem Weg zu einem gottgefälligen Leben konkret werden lassen musste (»... traduire cela en actes concrets ...«) und dass diese Umformung in das Konkrete dem Willen Gottes entsprach (»... parce que Dieu l'a dit«). Plötzlich, während er das las, fühlte Bernhard Selig einen Blitz, der vor seinen übermüdeten Augen vorüberhuschte, und er verstand auf einmal, mit und durch diesen Blitz, dass es seine, Bernhard Seligs von Gott gestiftete und in dieser Welt konkret gewordene Aufgabe war, jetzt vor diesem summenden *Personal Computer* zu sitzen und die Substanz dieses Texts in eine endgültige und in dieser Weise allen göttlichen Geheimnissen verschwisterte Form zu bringen.[1]

Schließlich die Tabellen! Worüber konnte ein Schülerfreundkollege Fischkirners auch anders schreiben als über den Begriff des Gleichnisses! Aller Gleichnisse! Des

---

1 Mit dieser Stelle ist eine hübsche kleine Begebenheit verbunden, die ebenfalls überliefert zu werden verdient: Als nämlich Bernhard Selig bei der offiziellen Überreichung der Festschrift am 5. November 1999 und der damit verbundenen Feier Professor Roger auf dieses Zitat hin ansprach, wusste dieser sofort, um welches Buch es ging, und er fügte lachend und als Anekdote hinzu, dass er dieses Zitat Norbert Greinacher verdanke. Denn der habe, es müsse ungefähr 1973 gewesen sein, das Buch von Loew »auf den Schweine-Rain« gegeben. Dort habe er, Roger, das Buch gesehen, versehen noch mit dem Exlibris von Greinacher und mit einer Widmung des Autors an Greinacher – das Buch, das nach französischer Sitte aus unaufgeschnittenen Bögen bestand, sei im übrigen und pikanterweise unaufgeschnitten gewesen –, und er habe das Buch selbstverständlich, schon allein wegen des Exlibris und wegen der Widmung, sofort gekauft. (Als Selig recht verständnislos dreinsah und schließlich nach der Bedeutung dieses eigenartigen Ausdrucks *Schweine-Rain* fragte, erläuterte Roger, dass damals ein junger Mann, eine Art Gelegenheitsantiquar, auf einem Büchertisch in der Kölner Mensa immer wieder die besten, auch neuesten Bücher zu stark herabgesetzten Preisen verkauft habe, und auf seine, Rogers, neugierige Frage, woher er denn diese schönen Bücher so preisgünstig erhalte, wortkarg und abweisend geantwortet habe, die habe er ›am Schweine-Rain gefunden‹. Seitdem hätten er und seine Bekannten diesem Büchertisch die Bezeichnung ›Schweine-Rain‹ gegeben. (Für den Interessierten: Es ging um den Titel von Jaques Loew, *Comme s'il voyait l'invisible. Un portrait de l'apôtre d'aujourd'hui.* Paris: Les éditions du cerf. 1964.)

Gleichnisses schlechthin! Eine Summe sozusagen musste es werden, hatte sich Roger wohl gesagt. Und alles Summarische musste in Tabellen eingetragen, festgehalten, vergleichbar gemacht werden!

Roger sprach gerade auf Seite 25 der 4. Fassung locker und souverän über Lk 20,35, und Selig, mit roten, müden Augen, suchte jetzt, gegen 2 Uhr 30, mühsam die einzelnen Buchstaben aus den Starwriter-Zeichensatz heraus. Weil das kleine Epsilon in dem Zeichensatz zu groß geraten war, verkleinerte er es mit einer eigenen Vorlage und einigen Versuchen um einen Punkt. Damit war es genau um das Wenige zu klein, um das es vorher zu groß gewesen war. Und da fällte Selig die klare Entscheidung: Er wollte als Erinnerung an diese Nacht das erste Epsilon verkleinern, das zweite aber in der vorherigen Weise stehenlassen. Das sollte seine kaum merkliche, kleine, irritierende Spur sein, die er, bewusst, vorsätzlich, in der Festschrift für Fischkirner hinterließ.[1] So stand da schließlich

1 Ganz neu ist diese Idee der kleinen, bewusst gesetzten Ungenauigkeit nicht, und sie stammte auch nicht von Selig selbst. Der hatte nämlich im Frühjahr – mit höchstem Vergnügen – José Saramagos Roman ›Geschichte der Belagerung der Stadt Lissabon‹ gelesen, und die Tat des Korrektors Raimundo Silva, der mitten hinein in den entscheidenden Satz eines Werkes ein *nicht* einfügte und damit den Sinn dieses Satzes, ja des ganzen Werkes auf den Kopf stellte und eine ganz eigene Handlung neben der Wirklichkeit des historischen Vorgangs eröffnete, diese Tat hatte Selig sehr bewundert. So weit wie Silva wollte Selig nicht gehen. Ein ganzes und noch dazu ein sinnveränderndes Wort wollte er nicht in einen Text einfügen. Aber dieses Epsilon durfte und musste sein! – Überhaupt erinnerte sich Selig gerne an eine Stelle in Saramagos Roman, und er schlug sie in dieser Nacht sogar nach; die betreffenden Sätze befanden sich auf Seite 43 des Romans. Sie hoben den heimlichen Wert dessen, was er, Bernhard Selig, mit schmerzendem Rücken gerade tat, ins Bewusstsein der Bücher-

(und so steht es heute in der Festschrift für Fischkirner):

... ἐὰν δὲ καὶ γαμήσῃς, οὐχ ἥμαρτες ...[1]

Niemand auf Erden, auch Selig nicht, konnte zu diesem Zeitpunkt über die prophetische Bedeutung dieser Worte wissen.

XVIII

Eineinhalb Stunden später, nachdem er den Beitrag von Roger zu Ende formatiert hatte, blätterte der Hochschuldozent Bernhard Selig noch einmal zu dieser Stelle Lk 20,35 zurück. Er schaltete den Drucker ein und ließ sich die Seite des Aufsatzes von Roger ausdrucken. Dann nahm er ruhig, mit traumwandlerisch langsamen Bewegungen eine Tube Uhu aus seinem Schreibtisch und klebte die gefaltete Seite in sein Tagebuch. Anschließend setz-

---

welt. Es hieß da nämlich: »Die Herstellung, allemal, ist das Bestimmende, die Autoren, die Übersetzer, die Korrektoren, die Graphiker, alles schön und gut, aber ohne die liebe gute Herstellung, da möcht ich mal sehen, was ihnen all die Weisheit hilft. Ein Verlag, das ist wie eine Fußballmannschaft, viel Getue vorn, viele Pässe, viel Dribbling, viel Kopfball, aber lahmte der Torwart, oder er wäre rheumakrank, alles ginge in die Binsen, ade Meisterschaft, [...] die Herstellung ist für den Verlag das, was der Torwart für die Mannschaft ist.« – Er war eben, so fasste Bernhard Selig in einem stillen inneren Monolog zusammen, der Torwart dieses mühsam entstehenden Buches. Er fühlte jetzt, dass das Elfmeterschießen und die Angst vor den Elfmetern noch bevorstand.

1 »... wenn du heiratest, sündigst du nicht ...« (1, Kor 7, 28)

te er sich, weiter in diesen langsamen, traumwandlerischen Bewegungen gefangen, an den Schreibtisch. Er schraubte seinen schönen, alten Montblanc-Füller auf und notierte in sein Tagebuch, dass er an diesem Tag, dank Fritz Roger und dem Halbschlaf, in den er während der Formatierarbeit gefallen war, ganz deutlich erfahren hatte, dass der Zölibat die einzige Lebensform war, in der er, Bernhard Selig, eine solche Festschrift und vielleicht jedes Buch und die Theologie insgesamt bewältigen konnte. Eine Frau, gar Kinder, und es sei unmöglich, schrieb Bernhard Selig weiter, diese so sehr zu vernachlässigen, dass ein solcher Haufen gelehrsamer Texte in eine Form gebracht werde.

Nachdem er das geschrieben hatte, sank Bernhard Selig, nun wahrhaft zeitlupenhaft langsam, nach hinten und starrte eine Weile an die Decke, an der eine kleine Spinne entlangkroch. Dann kramte er einen Zettel hervor, den er sich vom Computer mit an den Schreibtisch genommen hatte. Er starrte die beiden Zahlen an, die auf dem Zettel standen, und schrieb dann:

> Fritz Roger hat – ich habe es vorhin vom Programm nachzählen lassen – 9739 Wörter geschrieben. (Das sind also nicht ganz doppelt so viele Wörter, wie im Beitrag von Marr, der aus 4929 Wörtern besteht. Die Normseite Courier 10 mit den entsprechenden Rändern und Absätzen umfasst ca. 250 Wörter. Heißt: 15 Normseiten wären, mit lockerem Überschuss, nicht mehr als 4000 Wörter. Das alles haben wir nicht bedacht, als wir von *Seiten* gesprochen haben. Asche über unsere Häupter!) Dabei ist Roger in die hebräischen und griechischen Urschriften hinabgestiegen, hat sich von seinen Kenntnissen und Erkenntnissen hin- und hertreiben lassen.

Überall in seinem Text sind Geheimnisse verpackt, und man wird als Leser, der ein wenig um die Zusammenhänge weiß, das Gefühl nicht los, dass alle Texte dieser Festschrift von gleichnishaften Zusammenhängen nur so strotzen. Und nie wird jemand diese Zusammenhänge wirklich ausloten. Das ist vielleicht der Wesenskern dieses Buches: dass Fischkirners Form der exegetischen Betrachtung sich auf einer so tiefen Textebene spiegelt, dass niemand mehr sie in Augenschein nehmen kann. (Vorhin, im Halbschlaf, hatte ich auf einmal die traumhaft-undeutlich Idee, dass es sich mit der Bedeutung eines Textes wie mit der Lichtgeschwindigkeit in der Physik verhält: Wir können uns der vollen Bedeutung annähern, sie aber nicht erreichen, weil mit dem Erkennen größerer Bedeutungen immer auch eine Massenzunahme der Gedanken einhergeht, sodass die Masse der Gedanken, die mit der vollen Erkenntnis der Bedeutung verbunden ist, unendlich groß wird. Das wäre immerhin eine Überlegung, in der sich die Idee der Allwissenheit Gottes offenbart und mit sämtlichen Licht-Metaphern verbindet.) Mir jedenfalls gereicht es zum Trost, dass sich mir mein eigenes Leben im blauen Lichte des Computerbildschirms und im schwarzen Licht dieser Texte zu entschlüsseln beginnt.

Selig vergaß über solchen Formulierungen in sein Tagebuch einzutragen, dass die neuesten Prospekte des Litter-Verlags gekommen waren. Der Litter-Verlag war wieder einmal seinem Ruf gerecht geworden und hatte sein Verlagsprinzip, den Schnellschuss, zu Ehren gebracht. In dem Prospekt war die Festschrift für Fischkirner schon ganz regulär angekündigt. Also würde Fischkirner aus einem Prospekt von der Sache erfahren! Das wollten die Herausgeber verhindern. Also hatte Selig mit Margret van

Leuwen gesprochen, die wiederum Fischkirners Sekretärin, Frau Sutt, gebeten hatte: Die sollte den Prospekt aus der Post fischen. (Das alles trug Selig, versehen mit einigen entsetzten Anmerkungen, erst am folgenden Tag in seinem Tagebuch nach.)

XIX

Im Laufe des Juli ging es routiniert voran: Sabine Breuer gab die zusammengefassten Korrekturen in den Computer ein und fand dabei noch so manchen Fehler, den Winkelmann und Wolf übersehen hatten. Bernhard Selig übernahm die korrigierten Texte und brachte sie, manchmal leicht, meist aber unter Mühen und immer neuen, immer unerwarteten Schwierigkeiten, in die vorgesehene äußere Form. Selig bemühte sich jetzt um alphabetische Ordnung und bearbeitete – strikt einen Text nach dem anderen – die Beiträge, die bis dahin noch unformatiert geblieben waren. Nebenbei notierte er, was ihm während des Formatierens so ein- und auffiel in sein Tagebuch.

Karoline Evanic, die vor Jahren bei Fischkirner über die ›Gleichnishaftigkeit der Beziehungen Jesus' zu den Frauen‹ promoviert hatte, jetzt Dozentin in Fribourg war und, dem kursierenden Theologenklatsch zufolge, mit ihrem vormaligen Beichtvater, einem auf diese Weise *ehemalig* gewordenen Kapuzinerpater verheiratet war – Karoline Evanic schrieb einen intertextuellen Beitrag über die Art, in der Fischkirner in seinen Büchern und Aufsätzen die biblischen Gleichnisse einführte. Dies tat sie so, dass für den Setzer Selig jeweils nicht erkennbar war, wo der Evanic-Text aufhörte und der Fischkirner-Text begann. Was zunächst zu erheblichen Problemen führte, die sich erst nach Rückkehr der Fahnen endgültig klären ließ.

Hubert Förster, der protestantische Tübinger Kollege Fischkirners, kommentierte akribisch und mit gelegentlichen, schwer nur sichtbaren Spitzen die neuesten interpretatorischen Grundsätze Fischkirners. (Die Spitzen gingen in die Richtung, dass Fischkirner das Alte Testament in seinem Werk nicht genügend berücksichtigte, weil er sich im Laufe seines Gelehrtenlebens – die subtilen Andeutungen waren an dieser Stelle tatsächlich nur noch für den Allereingeweihtesten sichtbar – das Alte Testament theologisch nicht wirklich erschlossen hatte.) Försters Beitrag, in dem keine Tabellen und Schaubilder und auch keine griechischen oder hebräischen Texte vorkamen, ergab in technischer Hinsicht keine Schwierigkeiten.

Der Beitrag von Frau Professorin Walser enthielt, wie die meisten anderen Beiträge auch, einige Tabellen, die aus Tabulatoren bestanden und Selig die üblichen Probleme bereiteten. Daneben hatte Frau Professorin Walser die Tatsache, dass ihr am Zentrum für feministische Theologie zwei Wissenschaftliche Hilfskräfte zur Verfügung standen, mit einigem Stolz über diese ihr zur Verfügung gestellte personelle Ausstattung dazu genutzt, die eine der beiden Hilfskräfte ein Dutzend schöner Konstruktionszeichnungen herstellen zu lassen, in denen sie ihren, der Professorin Walser Gedankengang jeweils im Überblick nachzeichnete.[1] Die Schwierigkeit war, dass

1 Wie sich herumgesprochen hatte, sah Frau Professorin Walser ihre Forscherinnentätigkeit durch die viel zu geringe Anzahl der

diese Zeichnungen in einem Word-Grafikformat vorlagen, das sich in Starwriter nicht darstellen ließ. Selig notierte diese Tatsache einige Tage später gegen 0 Uhr 30 auf einem Blatt Papier und bat Frau Professorin Walser, als er ihr die Druckfahnen zuschickte, darum, die Zeichnungen durch ihre Hilfskraft noch einmal und jetzt in der Breite der ins Auge gefassten Druckvorlage ausdrucken zu lassen. Er werde die Schemata dann wegen der geschilderten Probleme doch direkt in die Druckvorlage einkleben müssen.

Im Beitrag von Bernhard Jakob fanden sich viele sehr schlichte Orthographie- und Grammatikfehler, was damit zusammenhängen mochte, dass dieser Aufsatz von einer den drei Herausgebern unbekannten Mitautorin Lulu van Akkeren, wahrscheinlich eine holländische Doktorandin Jakobs, verfasst worden war und Professor Jakob nicht mehr die Zeit gefunden hatte, die Seiten selbst zu lesen. Der Beitrag war, im April, mit den Korrekturen Winkelmanns und Wolfs an Jakob zurückgegangen, mit der Bitte, die umfänglichen Korrekturen doch bitte selbst in den Text einzutragen und dann die Diskette erneut einzureichen.

Nun hatte Eberhard Wolf – so wollte es die unvorhersehbare Vorsehung – vor kurzem erst umfängliche Textteile entdeckt, die, wortgleich und offenkundig mit Hilfe

Hilfskräfte gefährdet und meinte des häufigeren im KollegInnenkreis, dass einer Professorin an einem – immerhin ja doch! – *Zentrum* für feministische Theologie die zweieinhalb- bis dreifache Anzahl von Hilfskräften wohl zustünde. Subtile Andeutungen auf ›Beschränkungen‹ fanden sich in den Veröffentlichungen von Frau Professor Walser immer wieder und auch in ihrem Festschrift-Beitrag fanden sich drei subtile Selbstzitate, aus Walser (1993a) und aus Walser (1994b und 1994g).

des Textprogramms kopiert, auch in einem Beitrag standen, den Jakob bei der Redaktion der ›Zeitschrift für Theologie und Kirche‹ eingereicht hatte. (Deren Redaktionsmitglied war Wolf seit gerade einmal zwei Monaten, und so hatte er den Aufsatz, den Jakob bei der ZTK eingereicht hatte, vollkommen zufällig, weil er eben Redakteur geworden war, auf den Schreibtisch bekommen.) Eberhard Wolf schrieb an Professor Jakob daraufhin, dass der Beitrag nicht mit diesen ›Teildoppelungen‹ erscheinen könne. Weder in der Fischkirner-Festschrift noch in der ZTK. (Was allerdings nicht weiter ins Gewicht fiel, weil die Redaktion der ZTK den bei ihr eingereichten Jakob-Aufsatz ohnehin abgelehnt hatte. So der Gedankengang Wolfs. Doch dies sagte Wolf in seinem Brief an Jakob natürlich nicht.)

Lothar Sattler, der in Mainz Vergleichende Religionswissenschaften lehrte und der unter den Festschrift-Teilnehmern als einer der Rationalsten gelten durfte, er hatte sich das Thema der Vergleiche und ihrer Auslegung im Zen gewählt, wobei er vorab die Wesenszüge der, wie er dies nannte: ›Alltagstheologie‹ reflektierte: Der gläubige Nicht-Theologe[1] habe ein gewisses Maß Vorstellungen von den geoffenbarten Zusammenhängen, die sich in der Tradition des gottgläubigen Volkes widerspiegelten. Anhand der Aufzeichnungen des japanischen Zen-Meisters

1 In einer umfänglichen Fußnote auf Seite 3 seines Beitrags erläuterte Professor Sattler die hohe Relevanz der systematischen Einteilung in *nicht-gläubige Theologen, nicht-gläubige Nicht-Theologen, gläubige Theologen und gläubige Nicht-Theologen*, und er vergaß nicht, darauf hinzuweisen, dass er eine Differenzierung vornehme zwischen Nicht-Theologen und Laien. Diese Unterscheidung habe er in Sattler (1993a), Sattler (1993d) und Sattler (1993g) herausgearbeitet.

Yamasuto Mishima suchte Sattler nachzuweisen, dass die Zen-Kultur – von einer Zen-Theologie dürfe man, wie Sattler seinen eigenen Worten nach in Sattler (1993b) gezeigt hatte, nicht sprechen – das Comparandum nicht in der Welt der Ratio ansiedle, sondern in einer Welt der – nur der Tradition des Fernost-Asiaten begreiflichen – simultanen Intuitionen.[2]

Das alles war nun zweifelsohne sehr gelehrt und lehrreich, sagte sich Selig, als er sich in einer Arbeitspause zwischen 23 Uhr 30 und 23 Uhr 45 ein wenig in die Inhalte des Sattlerschen Beitrags da auf dem Bildschirm vertiefte; nur hatte der rationale und gelehrte Professor Sattler seinem Beitrag fünf Seiten Originalaufzeichnungen von Meister Mishima beigelegt, und diese Seiten kamen in Gestalt von Fotokopien daher, die von schwarzen Streifen und Punkten übersät waren und auf denen sich die japanischen Schriftzeichen kaum von den Sprengseln unterschieden, die das zerkratzte Glas eines alten Fotokopierers auf das Papier geworfen hatten. Selig stöhnte auf und notierte, dass er morgen oder übermorgen mit seinen Herausgeber-Kollegen sprechen wollte. Winkelmann oder Wolf, einer von beiden sollte an Sattler schreiben, dass der einwandfreie Kopien herbeischaffen solle, da sie sonst auf einen Abdruck dieser Seiten verzichten müssten. (Wolf schrieb drei Tage später in diesem Sinne an Professor Sattler, der daraufhin zurückschrieb, er verzichte auf den Abdruck der fraglichen Seiten.)

2 Den Unterschied und die Beziehungen zwischen *Comparatum* und *Comparandum* hatte der Mainzer Professor, wie man wieder in einer Fußnote erfuhr, in Sattler (1987) und dann wieder und vor allem in Sattler (1993e) aufgewiesen.

XX

Die Herausgeber hatten beschlossen, entgegen ihren ursprünglichen Plänen den Autoren der Beiträge doch so etwas wie »Druckfahnen« zu schicken. Sabine Breuer packte also das Ergebnis der Seligschen Formatierung in DIN-A4-Kuverts und legte jeweils ein allgemeines Anschreiben bei, in dem auf die schnelle Ausführung der Korrekturen gedrungen wurde. Außerdem, so hieß es in dem Anschreiben, könnten nur noch Druckfehler, nicht aber umfangreichere Textveränderungen berücksichtigt werden.

Einige Tage später – Selig war gerade müde und mit rotgeränderten Augen im Seminar angekommen – rief Professor Meyer-Steinthal an und fragte, in seiner Art, überaus leutselig, ob Selig denn seine E-Mail nicht bekommen habe. Selig gestand, dass er mit seinem Modem einige Schwierigkeiten habe und tatsächlich schon seit Tagen nicht mehr in seinen elektronischen Briefkasten geschaut habe. Nun, das sei nicht weiter schlimm, meinte Professor Meyer-Steinthal, nur eben – dass die Herausgeber die Ortsangaben bei ihm und seinen beiden Koautoren gestrichen hätten, ginge nicht an; vielmehr sei die Tatsache, dass hier *drei Autoren aus drei Kontinenten* sich kritisch mit der religiösen Entwurzelung auseinandersetzten, ein, wenn nicht *der* wesentliche Punkt dieses Essays, und darum müssten die Ortsnamen Kalkutta, Tunis und Graz natürlich notwendig bei den Autorennamen stehen. (Meyer-Steinthal hatte, seine internationalen Kontakte unter Beweis stellend, einen nordafrikanischen und einen indischen Kollegen mit in die Festschrift gebracht, und er hatte schon vorher darauf gedrungen, dass die Namenskürzel der drei Autoren wie in seiner Vorlage jeweils bei den einzelnen Absätzen bleiben müssten, da man nur so die trans- und interkulturelle Verzahnung des Gesamttexts ersehen könne.) Das mit den Ortsnamen werde sich schon machen lassen, sagte Selig in all seiner Müdigkeit, und die beiden Mitherausgeber gaben zwei Tage später, wenn auch widerstrebend, ihre Zustimmung, dass Selig bei diesem Aufsatz, als Ausnahme, die Ortsangaben zu den drei Namen dazusetzen könne. Allerdings nicht im Inhaltsverzeichnis. Da sollte strenge Einheitlichkeit gewahrt und Meyer-Steinthal im Inhaltsverzeichnis also ohne *(Graz)* bleiben.

Professor Schott, der die Spannung zwischen den Vergleichen in der Vulgata und in der Luther-Bibel untersucht hatte, war, was die drei Herausgeber wussten, im Hinblick auf die äußere Gestalt seiner Schriften ein Pedant. Selig war darum erstaunt und erleichtert, als Schott seine Fahnen zurückgab und nur etwa 20 Stellen sorgfältig und zeilengenau auf einem gesonderten Blatt angemahnt hatte. Die meisten der inkriminierten Stellen bestanden aus hebräischen Passagen, bei denen die hebräischen Zeichen nicht ganz exakt dargestellt waren. Das würde noch einige Arbeit machen; aber Selig war, wie gesagt, fast ein wenig stolz, dass Professor Schott mit der Druckvorlage im Großen und Ganzen zufrieden war.

XXI

Während die Druckfahnen von den Autoren in lockerer Folge zurückgereicht wurden – wobei der Blick in die Texte meist zeigte, dass immer noch so einiges zu korrigieren blieb –, machte sich Bernhard Selig daran, die fünf schwierigsten Disketten, die, die sich bisher einem Import in das Starwriter-Format absolut widersetzt hatten, lesbar zu machen. Er ging zu diesem Zweck einen Vormittag lang zum Computerraum des juristischen Seminars, weil sich dort im Netz die neuesten Word-Versionen befanden. Selig vermutete, er sah es zum Teil auch, wenn er mit einigen seiner Tools in die Dateien hineinsah, dass es sich bei den Texten um Word-Dateien handelte. Immerhin schaffte Selig es an diesem Vormittag, zwei der fünf Dateien halb lesbar zu machen. Das bedeutete, dass er anschließend kleine Makro-Programme schrieb, die es ihm ermöglichten, die Fußnoten, die sich nun, eingeschlossen in seltsame kryptische Steuerzeichen, am Ende der Word-Texte befanden, automatisch in die Texte hineinsetzen zu lassen. Allerdings mussten jetzt alle Kursiv-Auszeichnungen per Hand neu gesetzt werden.

Zwei weitere Texte erschlossen sich, als Selig einige Tage später ins Theologische Zentrum ging, um bei Professor Wilhelm Hagelstange anzuklopfen. Hagelstange vertrat seit gut einem Jahr mit einer C4-Professur die Abteilung ›Theologie der Randgruppen‹, und er hatte in seinen überaus konsequent geführten Berufungsverhandlungen ein sehr opulentes, 180.000 Mark teures Apple-Macintosh-Super-Netz seiner Berufungszusage einverleiben können. (Hagelstange war, noch bevor er aus Bamberg nach Tübingen kam, der Ruf vorausgeeilt, er trete allüberall mit dem Satz auf ›Gott spricht durch einen Mac zu uns, nicht durch einen PC!‹) Es traf sich gut, dass sich Selig mit Hagelstange duzte, seit sie sich, vor Jahr und Tag und lange bevor Hagelstange der Ruf an das Tübinger Theologenzentrum ereilt hatte, auf einem Kongress für Computertheologie kennengelernt hatten.

Jetzt also konnte Selig auch die Texte von Professor Harald Tupé, Bonn, lesen, der in seinem Beitrag die Frage behandelte, wer eigentlich, semiotisch gesehen, die Zehn Gebote den Menschen gegeben hatte, und der gleich zu Beginn festhielt, dass die einfache Darstellung, Gott habe Moses die Tafeln gegeben, auf dass dieser sie, vom Berge Sinai herab, dem Volk Israel bringe, eine erzählerische Verkürzung der tatsächlichen Zusammenhänge sei. Es sei nicht so, fügte Tupé irritierend umgangssprachlich hinzu, dass Moses der Sekretär sei, dem sein Chef diktiert.

Selig betrachtete den Text auf dem Bildschirm. Es hieß da wörtlich:

> Die Frage, ob Gott im Falle einer Äußerung oder eines Textes typologisch gesehen als sein Äußerungsträger zu gelten hat, wird – und zwar aus naheliegendem Grund – normalerweise wenig gestellt. Der Grund ist der, dass es so aussieht, als bereite die Antwort keine Schwierigkeiten und als sei der Grund dafür, dass sie keine Schwierigkeiten bereite, die Tatsache, dass sie bereits aufgrund rein äußerlicher, d. h. rein physikalischer Gegebenheiten, nämlich des rein physikalischen Produzierens von mündlichen oder schriftlichen Äußerungen, gegeben werden könne: Es sieht so aus, als seien die Äußerungsträger, die Steintafeln, einfach diejenigen, die sich »phy-

> sikalisch« äußern, d. h. diejenigen, die die Äußerungen aussprechen bzw. die Texte niederschreiben.

Und es war nun natürlich – Selig las dies in einer Formatierpause mit Interesse – die große Frage, ob Gott sich *physikalisch äußern* könne oder ob er sich gleichsam eines Steinmetz bedient hatte, um die Tafeln zu verfertigen.

> Würde sich Gott, spräche er heute zu uns, des Internets bedienen, da er doch die Verfertigung und Äußerung des Gesetzestexts so offenkundig nicht an die Bedingungen ihrer Herstellung bindet?

An dieser Stelle, bei dem Verweis auf das Internet, wunderte sich Selig einigermaßen, weil Tupé der Ruf vorausging, dass er sich in technischen Dingen bewusst aus allem heraushielt, was so weit ging, dass, wie man hörte, er nicht einmal wusste, wie man aus einer Telefonzelle telefonierte.

Nebenbei gesagt, es näherte sich der Termin, der mit dem Verlag für die Abgabe der Druckvorlage vereinbart worden war. Der Termin kam leise und ging leise vorüber. Selig sah ihn, wie er anderen gegenüber zugab, vorbeiziehen und dachte sich nicht viel dabei. Seine Erfahrung in der Verfertigung von Büchern sagte ihm, dass es eine Frage der immerwährenden Gnade war, Termine überschreiten zu können und die eigentliche Sache, das Buch, dennoch am Ende, irgendwie, fristgerecht in Händen zu halten.

XXII

Zwischen den Formatierungsarbeiten musste Selig noch seinen eigenen Beitrag zu einem Ende bringen. Er hatte, vor Monaten schon, mit der Abhandlung zur Frage des ›zornigen Gottes‹ begonnen und über die folgenden und einige mehr Stellen nachgedacht.

> Warum, Herr, ist ein Zorn gegen dein Volk entbrannt. [...] Lass ab von deinem glühenden Zorn, und lass dich das Böse reuen, das du deinem Volk antun wolltest. (Ex 32, 11-12)
>
> Der Zorn des Herrn, deines Gottes, könnte gegen dich entbrennen, er könnte dich im ganzen Land vernichten. (Dtn 6,15)
>
> Herr, züchtige mich, doch mit rechtem Maß, / nicht mit deinem Zorn, / sonst machst du mich allzu elend. / Gieß deinen Zorn aus über die Völker, / die dich nicht kennen, / und über die Stämme, / die deinen Namen nicht anrufen. (Jer 10,24-28)
>
> Wer an den Sohn glaubt, hat das ewige Leben; wer aber dem Sohn nicht gehorcht, wird das Leben nicht sehen, sondern Gottes Zorn bleibt auf ihm. (Joh 3,36)
>
> Dann hörte ich, wie eine laute Stimme aus dem Tempel den sieben Engeln zurief: Geht und gießt die sieben Schalen mit dem Zorn Gottes über die Erde! (Offb 16,1)

Natürlich griff Selig, das verlangte der Brauch des Verfassens von Festschrift-Beiträgen, zunächst einmal die Forschungen von Fischkirner auf. Dessen umfangreiche, zusammen mit Schott verfasste Abhandlung über ›Zorn und Liebe‹ aus dem Jahr 1987 kam ja, wie man weiß, zu dem Ergebnis, dass Gottes Zorn eine für den Menschen unbegreifliche, nur im Stand der Gnade erahnbare Transformation der Liebe Gottes war.[1]

Selig wollte nun – einigermaßen kühn – die Auffassung beweisen, dass Liebe und Vernunft in einer vom Gläubigen auszuhaltenden Spannung standen, und er wollte dies vor allem durch eine genaue Interpretation von Röm 1,18-20 tun:

> Der Zorn Gottes wird vom Himmel herab offenbart wider alle Gottlosigkeit und Ungerechtigkeit der Menschen, die die Wahrheit durch alle Ungerechtigkeit niederhalten. Denn was der Glaube von Gott und in Gott erkennen kann, ist ihnen offenbar; Gott hat es ihnen offenbart. Seit Erschaffung der Welt wird seine unsichtbare Wirklichkeit an den Werken der Schöpfung mit der Vernunft wahrgenommen, seine ewige Macht und Gottheit. Daher sind sie unentschuldbar.

Der Beweis seiner These war Selig, wie er selbst sehr wohl spürte, nicht in vollem Umfang gelungen, und er gab in diesen Tagen halb resignierend vor sich selber zu, dass es in diesem Festschrift-Beitrag wohl auch nicht gelingen werde, das Spannungsverhältnis von Vernunft und

1 Die Voraussetzung für diese Untersuchung hatte Fischkirner in seiner Abhandlung über ›Das Verstehen und das Erahnen des gleichnishaften Gottessinns‹ von 1983 gelegt. Worin Fischkirner in Anlehnung an Wittgenstein, zu dem Ergebnis gekommen war, dass das Gleichnis das Verstehen des Erahnten enthielt und dass über diese Form des Verstehens nichts ging, es sei denn die wortlose, nicht mehr kommunizierbare Gottes-Wort-Schau.

Liebe in aller Exaktheit zu bestimmen. Aber er war auf dem Weg, und dieser Schritt auf dem Weg kostete ihn jetzt, mitten in der Formatierarbeit, noch einige Stunden nächtliche Arbeit in der Bibliothek. Nach drei zusätzlichen Nächten hatte Selig den Schritt getan, und er musste nur noch die neuen Textstellen aus der Sekundärliteratur in seine längst schon vorhandene Abhandlung einarbeiten. Dann gab er seinen Text Winkelmann und Wolf zur Begutachtung und Korrektur; deren Aufsätze, längst fertig, hatte Selig bereits gelesen und kritisch kommentiert.

XXIII

Voller Zorn angesichts der Tatsache, dass es die gesamte hochentwickelte Software-Industrie der Welt offenbar nicht fertiggebracht hatte, ein stabiles Export-Import-Programm für die verschiedenen Textformate zu erarbeiten, hatte Bernhard Selig inzwischen einen Artikel für die Computer-Zeitschrift CHIP verfasst und abgeschickt. Darin wies er auf diesen Missstand hin, und er vergaß nicht zu erwähnen, dass die Konvertierung in das Rich-Text-Format, von dem man eine derartige Konvertierung ja erwarte, bei einfachen Sätzen wie

> Das ist ein schöner prophetischer Text. [Hier Fußnote:] Gottes Gnade ist bis heute nicht mit den Computern.

noch einigermaßen funktioniere, wie man hier sehe,

```
{\rtf1 \ansi \deff0 {\fonttbl | | {\f0 \fmodern Couri-
er;}} {\colortbl | | \red0 \green0 \blue0;} | | {\style-
sheet {\fs20 \snext0 Normal;} | | } \paperw11904
\paperh16836 \margl1440 \margr1440
\hyphhotz803 \ftnbj \ftnrestart \sectd \pard \qj \sl0
| | {\plain Das } {\plain \b \i ist} {\plain ein }
{\plain \i sch \'f6ner} {\plain } {\plain \ul propheti-
scher {\* \bkmkstart BM_1_} {\* \bkmkend
BM_1_}} {\plain Text. {\up6 \fs19 \chftn {\footnote
\pard \qj \li1440 \sa240 | | {\plain \up6 \fs19
\chftn } {} {\plain Gottes Gnade ist bis heute nicht
mit den Computern.}}} | | } {\plain }}
```

sei das RTF-Format aber mit schwierigeren Übersetzungen aus dem Mac-Bereich gnadenlos überfordert. Dafür fügte er Beispiele hinzu. Warum denn, so Seligs beredte Klage, habe der amerikanische oder der deutsche Normenausschuss, denen es doch immerhin gelungen sei, das ASCII- und das DIN-A4-Format zu kreieren, nicht ein wirklich funktionierendes, nur auf ASCII-Zeichen beruhendes Format entwickelt. Wenn dann alle ernstzunehmenden Textverarbeitungen verpflichtet wären, in dieses Format hinein zu exportieren und auch dieses Format importieren zu können, dann hätte man dem unsäglichen Problem mit den unterschiedlichen Formaten endlich ein Ende bereitet.[1]

---

1 Selig hat auf diesen Hinweis keine Antwort von CHIP erhalten, und er vermutete – wohl zu Recht –, dass die Redakteure sich vor allem an seinen theologischen Beispielen gestört hatten.

XXIV

Diese Klage über die Verschiedenheit der Programmformate hatte Selig verfasst noch bevor er daranging, den technisch schwierigsten Fall zu lösen. Es ging dabei um den Text des Jesuiten Klaus Maria Robbenstaek, der nach einem vollständigen Mathematik-Studium und, wie es hieß, nach zwei nächtlichen Visionen noch Theologie studiert, dann bei Fischkirner promoviert und jetzt in München eine Hochschulassistenten-Stelle hatte und dem Lehrstuhl von Roland Polgar zugeordnet war. Klaus Maria Robbenstaek hatte es sich zur Lebensaufgabe gemacht, den Gottesbeweis auf eine neue, eine formale Basis zu stellen und die Theologie zu axiomatisieren. Sein mit einem Macintosh verfasster Beitrag widersetzte sich zunächst jeglichem Zugriff vonseiten der DOS-Computer. Nachdem abzusehen war, dass auch weitere Versuche, Robbenstaeks Beitrag lesbar zu machen, keinen Erfolg haben würden, hatte Selig in einer Arbeitspause Robbenstaek angerufen und ihn um eine Diskette gebeten, auf der der Aufsatz in verschiedenen Exportformaten gespeichert sei.

XXV

Dann ging Selig, unter dem deutlich gewachsenen Termindruck, der seinen Magen gelegentlich zusammenkrampfte, weiter daran, zusammen mit Sabine Breuer die

Korrekturen aus den zurückkommenden Fahnen zu übertragen und den endgültigen Ausdruck vorzubereiten. Bei den meisten Beiträge blieb erfreulich wenig zu tun, obwohl auch das Wenige meist eine knappe Stunde Arbeit erforderlich machte. Dann allerdings lag eines Tages, eingeschweißt in eine fremd anmutende Plastikfolie und mit großen postalischen Zeichen der Vereinigten Niederlande als Eilsendung gekennzeichnet, der Beitrag von Professor Jakob in Seligs Postkasten. Selig zuckte zusammen, noch bevor er das Päckchen genauer in Augenschein genommen hatte. Was, so fragte er sich augenblicklich, hatte es mit dem fertig formatierten Beitrag Jakobs auf sich, wenn Jakob nicht einige Seiten mit Korrekturen, sondern ein solches Päckchen schickte? Selig öffnete die Postsendung mit durch den Termindruck leicht zittrig gewordenen Fingern und fand darin: eine *Neufassung* des Beitrags von Bernhard Jakob und Lulu van Akkeren. Oder um ganz korrekt zu sein: es war der alte Beitrag, der aber durch eine Unzahl von Streichungen, Hinzufügungen und sonstigen kleinen Veränderungen nicht mehr in das Seitenschema der Vorfassung passen würde, sodass – und das war jetzt die einzige Sicht, die sich Bernhard Selig noch erlauben konnte – eine komplette Neuformatierung notwendig werden würde.

Zusammengequetscht zwischen dem wachsenden Zeitdruck und der Frage, was nun mit dem Aufsatz von Jakob / van Akkeren geschehen sollte, schob Selig den Aufsatz zunächst einmal in sein Postfach zurück. Es war ihm für einen Augenblick, als könne er, wenn er diese Papiere und die dazugehörige neue Diskette auf diese Weise wegschloss, das apokalyptische Unheil bannen, das nun über diesem Unternehmen hing und ganz und gar real das rechtzeitige Erscheinen der Festschrift bedrohte.

XXVI

Am 18. Juli, einem Dienstag, trafen sich die Herausgeber, um über das Vorwort zu beraten, das Trutz Winkelmann in erster Fassung tags zuvor vorgelegt hatte. Zunächst unterhielten sie sich freilich noch über einen Aufsatz von P. Gerald Downing mit dem Titel ›Words as deeds and deeds as words‹. Downing hatte den Aufsatz, der soeben in der Zeitschrift ›Biblical Interpretation‹ erschienen war, bereits im März als Fahnenkopie Wolf geschickt und dieser referierte eine Passage, in der es um Bultmanns ›Geschichte der synoptischen Tradition‹ ging. Selig wies anschließend darauf hin, dass das Formatieren doch erhebliche Schwierigkeiten bereite und berichtete über das neueste Unglück, die Neufassung des Beitrags von Jakob. Winkelmann und Wolf zeigten sich nur mäßig interessiert und gaben Selig überaus subtil, mit leicht weggewandtem Lächeln, zu verstehen, dass man jetzt hier sei, um das Vorwort zu besprechen. Solche technischen Probleme seien formaler und damit durchaus nachgeordneter Natur, und Selig werde wohl, als der Setzer des Unternehmens, schon damit fertig werden.

Selig war daraufhin nicht ärgerlich, sondern zu seiner eigenen Überraschung sehr weich und fast fürsorglich gestimmt. Er erinnerte sich in diesem Augenblick daran, vor Jahren in der Tübinger Universitätsbibliothek einen Brief gelesen zu haben, den Schopenhauer an seinen Setzer und Drucker geschrieben hatte. Darin gab Schopenhauer die eindeutige Direktive an seinen Setzer und Drucker, doch an seinem, Schopenhauers Werk nicht das mindeste zu verändern, denn er, Schopenhauer, habe sich bei allem, auch dem vermeintlich und nach der Meinung der Menge Fehlerhaften, schon das Rechte gedacht. Und Schopenhauer hatte hinzugefügt, der Setzer möge doch nicht vergessen, dass er, der Setzer, die Hand, er, Schopenhauer, aber der Kopf sei, dem die Hand zu gehorchen habe. Diese Stelle hatte, jenseits aller philosophischen Fragen, Selig dazu veranlasst, Schopenhauer für einen philosophischen Blindgänger zu halten. Denn es gehörte, was wahrhaftig niemand aus Seligs Umgebung wusste, zu Bernhard Seligs großer, geheimer Leidenschaft, die Menschen aus der Welt der Hochschulen und des Geistes, in der Vergangenheit und der Gegenwart, mit den Maßstäben der – ein Begriff, den Selig geprägt hatte – ›ehernen Normalität‹ zu messen und alle Affen- und Laffenartigkeit, alles Stolzierende und Gockelhafte und Lächerliche säuberlich in Kategorien zu ordnen, in der Erwartung, eines Tages die theologischen und zugleich anthropologischen, mit einem Wort: die Seligschen Grundlagen für eine Systematik der Affen, Laffen, Hagestolze und Gockel in der Wissenschaft eben der – ein wenig doch immerhin staunenden – wissenschaftlichen Öffentlichkeit vorzulegen. Selig also war fürsorglich gestimmt, denn in seinem Kopf machte sich die Ahnung breit, dass er aus den Erfahrungen dieses Festschrift-Unternehmens *Mehr* und *Anderes* davontragen werde, als nur die Erinnerung an seine stupide Arbeit vor dem Computerbildschirm.

Es wurde also der Winkelmannsche Vorwort-Entwurf besprochen, der geprägt war von größter Schlichtheit und dem Verzicht auf jeden noch so geheimen Scherz, wie er sich in anderen Festschrift-Vorwörtern bisweilen findet. Es wurde der exegetische Ansatz Fischkirners ins Gedächtnis gerufen, es wurde bedauert, dass man die große Gruppe der protestantischen Theologen, denen Professor Fischkirner seit langer Zeit fachlich wie persönlich verbunden sei, von wenigen Ausnahme abgesehen nicht habe berücksichtigen können und dass man vor allem jene Gruppe der australischen Theologen, die Fischkirner sehr beeinflusst habe und deren Einfluss auch umgekehrt in das Fischkirnersche Werk eingegangen sei, in dieser Festschrift nicht habe berücksichtigen können. Abschließend wurde Sabine Breuer und Margret van Leuwen gedankt. Letztere – die wissenschaftliche Hilfskraft Fischkirners, die am Lehrstuhl Fischkirners stets nur Siena genannt wurde, als Abkürzung für die Heilige Katharina von Siena, der Margret van Leuwen nach allgemeiner Auffassung wesensverwandt war – hatte still und aufopferungsvoll das Schriftenverzeichnis erarbeitet, in dem alle wissenschaftlichen Veröffentlichungen Fischkirners zusammengetragen waren.

In diesen Tagen lud Fischkirner, wie gewöhnlich zum Semesterende, seine Oberseminaristinnen und Oberseminaristen und die ehemaligen und gegenwärtigen Mitarbeiter seines Lehrstuhls zu einem, wie er es stets nannte: ›Schmaus‹ zu sich nach Hause ein. Es wurde, auch das war Tradition, von den Studierenden und den noch nicht examinierten Hilfskräften ein Strauß Blumen für Professor Fischkirners Schwester – die Fischkirner den Haushalt führte – mitgebracht, während die übrigen Eingeladenen je eine Flasche guten Rotweins zu Fischkirners exquisitem Weinkeller beisteuerten. Nur Bernhard Selig, der in den vorausgehenden Wochen zu seiner Entspannung ›Campus‹, den Roman des Hamburger Anglisten Schwanitz gelesen und sich über die veritablen Dreistigkeiten dieses Buches köstlich amüsiert hatte, Selig hatte ein weiteres Exemplar dieses Romans bei Osiander erstanden und drückte das Buch Fischkirner während der Begrüßung mit einer kurzen Bemerkung, mit der er auf die Dreistigkeiten in Schwanitz' Buch hinwies, in die Hand.

XXVII

Am Ende des Vorwort-Besprechungstages wurde auch noch der Beitrag Seligs von seinen Mitherausgebern kritisch begutachtet. Während Eberhard Wolf, von drei Druckfehlern abgesehen, wenig zu beanstanden hatte, hatte Trutz Winkelmann Seligs Aufsatz kritischer gelesen und bemängelte den in vielen Teilen unwissenschaftlichen Stil Seligs. Selig, der viele der Winkelmannschen Kritikpunkte sogleich akzeptierte, begriff erst jetzt, dass seine vor Wochen nebenbei hingeworfene Bemerkung, Winkelmanns eigener Beitrag sei doch sehr ernsthaft-akkurat abgefasst – er hatte diese Schreibweise, ohne sich viel dabei zu denken, ›Dissertationen-Stil‹ genannt –, dass diese Bemerkung Winkelmann wohl gekränkt hatte. Jedenfalls hatte dieser große Energie darauf verwandt, Selig sozusagen den gegenteiligen Stil nachzuweisen. Was ihm, wie Selig sogleich einräumte, gelungen war. Er sagte zu Winkelmann: Ja, die Kritik sei recht und er sehe auch beinahe alles ein; da seien die stilistischen Pferde mit ihm, Selig, manchmal durchgegangen; doch er, Winkelmann, möge es ihm nicht übelnehmen – um die christliche Hilaritas nicht ganz aus dem Gespräch entschwinden zu lassen, müsse er anmerken: dass er sich immer wieder einmal wundere, wie Winkelmann, der doch von zwei Welten, der der aufgeklärt-analytischen Theologie und der mystischen Versenkung in Glaubenswahrheiten mehr als die meisten anderen verstünde, dennoch so sehr darauf beharre, dass man eben nur aufgeklärt-systematisierend Theologie betreiben könne.

Ja, meinte Trutz Winkelmann da mit überlegenem Lächeln, man dürfe die Dinge wohl gesondert betreiben, und beide, die Wahrheit der Aufklärung und die Wahrheit der Mystik, hätten ihre je eigene Form der Wahrhaftigkeit; nur eben vermengen – vermengen dürfe man diese beiden Sphären nicht! Es werde ja auch kein gutes Getränk daraus, wenn man Kaffee und Tee ineinander gösse, und kein wohlschmeckendes Mahl, wenn man Lachs mit Nutella äße. Und von der Kraft dieses Vergleiches mitgerissen fügte Winkelmann hinzu: Oder Himbeerkuchen mit Essig und Öl. Oder Saure Gurken mit Schokoladenstreusel. Oder Blue Curaçao mit Pfefferminzlikör.

XXVIII

Selig überarbeitete seinen eigenen Beitrag zwei Tage später, und er milderte sämtliche Flapsigkeiten und Manierismen, die Winkelmann kritisiert hatte, und einzelne Passagen, die in der Tat von einer übertriebenen, geradezu infantilen Lockerheit geprägt waren, strich er ganz aus seinem Text.

Beim abendlichen Abhören des Anrufbeantworters bohrte sich Selig die schnarrende Stimme der Vizevorsitzenden des Tübinger Staatlichen Prüfungsamtes wie der kalte Finger einer kalten Hand ins Ohr: »Gute Taag, Herr Doktoe Sälich! Sie hent die Klausure vom zurückliegende Staatsexamen imme no net zurückgäba. Herr Doktoe Sälich! Es entstehät dähn Kandidadinne und Kandidade scho bald a beruflischer Nachteil, wail wiä die Zeugnisse net rechtzeitich ausstelle könne ...«

XXIX

Selig hatte in einer kurzen Besprechung mit Sabine Breuer beschlossen, den Beitrag von Jakob, Zeitdruck hin oder her, neu zu formatieren. Es wurde ein fünfstündiges Unternehmen daraus, in dessen Verlauf Selig nach dem Diktat von Sabine Breuer mit fliegenden Fingern aus dem neuen Beitrag von Jakob die längeren Passagen in den alten herüberkopierte, Gestrichenes löschte und kleinere Veränderungen nebenbei neu tippte und anschließend auf die richtige tippfehlerfreie Schreibung hin überprüfte.

Unter Hinterlassung seiner Telefon- und Faxnummer war Trutz Winkelmann am 23. Juli zu einer weiteren Vervollkommnung seiner meditativen Fähigkeiten in den Pandschab geflogen. Eberhard Wolf hatte mittlerweile den 13. Band seiner Tillich-Lektüre zum Ende gebracht, und er brauchte aber, wie er mit recht leidendem Gesichtsausdruck mitteilte, dringend doch noch die Zeit, um den verbleibenden 14. Band zu lesen. Und als Selig ansatzweise die Schwierigkeiten erwähnte, die es bei dem Setzen der Beiträge gebe, zeigte Wolf großes Verständnis und tiefe Einfühlung: die Lektüre der Beiträge und die Korrekturen hätten damals Winkelmann und ihn ebenfalls so manche Stunde Zeit und Schweiß gekostet. Ja, das sei wirklich ein vermaledeites Unternehmen, auf das sie sich da eingelassen hätten. Man möge sich nur einmal vorstellen, dass er jetzt bereits seit über drei Wochen über eine Stelle aus ›Sein und Sinn‹, also noch aus dem 11. Band, nachdenke, wo es heiße: »Wenn Liebe mit dem Element des Zwanges in der Macht verbunden ist, wo liegen dann die Grenzen einer solchen Verbindung? Wann steht der Zwang im Widerstreit mit der Liebe? Ein solcher Widerstreit liegt vor, wenn sich der Zwang dem Ziel der Liebe, nämlich der Wiedervereinigung des Getrennten, entgegenstellt. Liebe muss durch Gewalt das niederzwingen, was gegen die Liebe gerichtet ist.« Sprach's und ging nach Hause, um das zu tun, was für den Fortschritt der Theologie dringend notwendig war, nämlich: in seiner Tillich-Lektüre fortzufahren.

Bernhard Selig nahm sich vor, einmal in den blau-verschossenen Tillich-Bänden nachzulesen, sobald er mit diesem verrückten Unternehmen hier fertig war. Im Gegensatz zu Wolf hatte er die Tillich-Gesamtausgabe nicht selbst in seinem Bücherschrank. Er würde in die Bibliothek gehen müssen. Er wusste, er musste die wacklige Leiter in dem Raum mit der Abteilung ›Dogmatik‹ hochklettern, und dann waren da alle Bände und auch die sechs Ergänzungsbände zu der Tillich-Gesamtausgabe. Und ein wenig wehmütig überlegte Bernhard Selig, als er sich wieder an die Arbeit machte, dass ein Hochschuldozent, der seine Tage formatierend vor dem Bildschirm verbrachte, nie ein Werk des Tillichschen Umfangs würde hinterlassen können.

Er dachte wieder einmal an Professor Mergelsdorff, den er seinerzeit gehört hatte. Wie hatte Mergelsdorff gesagt: »Umfangreiche wissenschaftliche Werke entstehen nur dort, wo Gelehrte nicht nur keine Schreibhemmung, sondern auch keinerlei Scham im Hinblick auf das aus ihnen herausfließende Schreiben kennen. Solche Gelehrte schrieben in der Vergangenheit und schreiben heute, so wie ständig vor sich hin salbadernde Leute reden. Es löst sich das Buch im Entstehungsprozess schnell vom Verfasser. Es schreibt sich dann das Buch von selbst. Das Buch, es entsteht in einem festen täglichen Pensum, das mit Routine und einer an Größenwahn angrenzenden Ichgewissheit nach der Art verlässlicher Lieferanten einfach an der Haustür zur Ewigkeit abgegeben wird.«

XXX

Der Verlagstermin war jetzt, Anfang August, um mehr als einen Monat überschritten. Der Verlag hatte noch nicht gemahnt. ›Gott sei es gedankt!‹, sagte sich Selig. Die Beiträge, einschließlich Seligs eigenem Aufsatz, waren endlich gesetzt. Es fehlte nur noch ein – das *schwierigste* – Stück. Selig musste das in der vorliegenden Papierfassung 25 Seiten lange Gottesbeweis-Fragment von Klaus Maria Robbenstaek auf seinem Computer lesbar machen, um es in die Form zu bringen. Die neue Diskette von Robbenstaek war noch nicht angekommen. So rief Selig am Abend des 4. August, einem Freitag, noch einmal in München bei Robbenstaek an. Robbenstaek war mäßig berührt und im Grunde genommen recht heiter gestimmt, und er sagte, er habe vergessen, die Diskette zu schicken. Selig, der inzwischen zu müde war, um sich zu wundern, bat mit leicht brüchiger Stimme darum, dass Robbenstaek die Diskette doch bitte am nächsten Morgen per Eilpost nach Tübingen schicken solle; die Zeit sei wirklich sehr knapp.

Als Selig kurz nach Mitternacht zu Hause ankam, fand er einen Anruf von Dr. Templer auf seinem Anrufbeantworter vor. Templer sagte geschäftsmäßig, der Abgabetermin für die Festschrift sei ja lange überschritten, und wenn das Unternehmen noch gelingen solle, eile es jetzt doch sehr. Er, Templer, führe jetzt für 14 Tage in Urlaub, sei aber Mitte August wieder da. Selig möge aber doch bitte umgehend einmal mit Herrn Dr. Litter sprechen, um das weitere Vorgehen terminlich abzuklären.

XXXI

Am Montag befand sich die Diskette von Klaus Maria Robbenstaek in Seligs Post. Auf der Diskette befanden sich zwei Dateien, die sich, wie Selig sofort sah, als er die Dateien auf den Bildschirm zu holen versuchte, in keinem Byte von der vorherigen Datei unterschieden. Auf der Ebene der Textbetrachtung von Starwriter war, von den Sonderzeichen und Umlauten abgesehen, der Text lesbar; allerdings waren die Zeichen rechts abgeschnitten. Das sah dann so aus:

1. Freges Methode der Namensrelation

In der Semantik ist es ganz ¦blich, mehrere Arten des Bedeutens zu unterscheide

Carnap nennt sein Verfahren der semantischen Analyse die »Methode der Extension

(1) Gott ist der Autor des Alten Testaments.

in die drei Bestandteile Gott, É ist --- und der Autor des Alten Testaments z

Da derselbe Gott s auch mit dem Nominator der Autor des Neuen Testaments bez

(2) Der Autor des Neuen Testaments ist der Autor des Alten Testaments.

Starwriter 5.1, 6.0a und WP for Windows machten darauf lediglich die folgenden mystischen Zeichen und brach dann ab:

einen70YxÖQNFrÅrÅrÅĐsòÉuòuúpwwwwáw³(wÛw
Û wÖxwxs xôx¼*xÖt‰p

Selig spürte jetzt einen dicken Kloß im Hals, denn die Frage, wie er diese voluminöse Druckvorlage noch rechtzeitig zum Verlag bringen sollte, war nun endgültig unbeantwortbar geworden.

Mit schweren Schritten ging Selig nun noch einmal zu Professor Hagelstanges Computerzentrum, um ein letztes Mal sein Glück zu versuchen. Eine Hilfskraft Hagelstanges – Hagelstange selbst war auf einer Vortragsreise in Litauen – war sehr freundlich und hilfsbereit. Blitzschnell war die Robbenstaek-Datei auf dem Bildschirm des Macs, und die Hilfskraft speicherte sie unter drei verschiedenen DOS-Textformaten auf die Diskette zurück.

Mit dieser Diskette und bangem Herzen ging Selig an seinen PC zurück. Und tatsächlich: der Robbenstaek-Text war jetzt lesbar geworden! Allerdings – kein Wein bei diesem Unternehmen ohne einen großen Schuss Essig: Die Formeln und sämtliche Sonderzeichen – und der Robbenstaeksche Text bestand in seinem Kern aus Formeln und Sonderzeichen – ergaben einen wüsten Zeichensalat. Erschwerend kam hinzu, dass die meisten der Sonderzeichen auf den ersten Blick zwar einem Zeichen aus einem der Starwriter-Zeichensätze entsprachen, dass sie sich aber – vollkommen unerklärlich und eine Anfrage an Starwriter wert! – nicht mit Hilfe der automatischen Suche auffinden ließen. Damit war auch eine Automatisierung der Sonderzeichen-Umwandlung durch ein Makro unmöglich!

Selig schaltete seine sonst ausgeprägte Empfindlichkeit gegen stumpfsinniges Arbeiten ab und machte sich daran, alle Zeichen zu ersetzen. Und manchmal während dieser

Arbeit, wenn er eine Zeichenkombination erkannte, die es ihm ermöglichte, mit einem rasch geschriebenen kleinen Programm zu operieren, überkam ihn das Gefühl eines nahen Glücks. Ein Gefühl, das Bernhard Selig nicht zu deuten wusste und von dem er darum annahm, dass es in seinem Körper als eine Art Trostreaktion entstand, um der Müdigkeit ein Gegengewicht entgegenzustellen.

XXXII

Das Foto, das üblicherweise auf der Vortitelseite einer Festschrift den zu Feiernden zeigt, war nichts, womit sich die Herausgeber bisher aufgehalten hatten. Zu selbstverständlich gingen sie davon aus, dass es von dem berühmten Professor Fischkirner eine Reihe von offiziellen Fotos gab, beim Dekanat und beim Rektorat und bei der Pressestelle der Universität. Jetzt – er konzipierte, um sich etwas Erholung zu gönnen, gerade die Titelseiten – stellte Bernhard Selig fest, dass über die Frage des Fotos bisher noch nicht gesprochen worden war.

Selig fragte daraufhin die Sekretärin von Professor Fischkirner, die Dekanatssekretärin, Frau Hirschfeld, und den Leiter der Pressestelle der Tübinger Universität, Herrn Fuchs. Und so wusste er am Ende verlässlich, dass es in der Tat kein offizielles Foto Fischkirners gab.

Also rief Selig Eberhard Wolf an, schilderte diesem das Problem und Wolf versprach, sich um diese Sache zu kümmern. Am folgenden Tag rief Wolf umgekehrt bei Selig an und teilte mit, er habe Margret van Leuwen gebeten, diese Sache in die Hand zu nehmen. Margret van Leuwen ihrerseits rief einen Tag später Selig an, um zu sagen, dass sie mit der Schwester von Professor Fischkirner, mit der sie ganz gut könne, Kontakt aufgenommen habe, um nach einem präsentablen Foto von Fischkirner zu fragen; sie habe erfahren, dass es, was Fotos angehe, nicht viel gebe – milde ausgedrückt; aber die Schwester wolle ihr doch ein Foto schicken, auf dem Professor Fischkirner wohl so richtig feierlich angezogen sei. Das könne man vielleicht verwenden.

Selig hatte in seiner Jugend und auch noch im Alumnat viel fotografiert, und er hatte gewisse Erwartungen an ein Porträtfoto. Als er zwei Tage später das Kuvert sah, das Margret van Leuwen – versehen mit einem gelben post-it!-Zettel und dem Hinweis, das Foto sei wohl doch nicht das Richtige – auf seinen Schreibtisch gelegt hatte, wusste er bereits, dass das kein passendes Foto sein konnte, denn es handelte sich bei dem, was er da in der Hand hielt, um ein normales kleines Briefkuvert und also war das Format des Fotos zu klein, egal wie gut das Foto auch sein mochte.

Selig öffnete das Kuvert und ließ sich sogleich in seinen Schreibtischstuhl fallen. Er war wie vom Donner gerührt. Das Foto da zeigte nicht etwa Fischkirner. Es zeigte jedenfalls nicht nur ihn. Sondern es zeigte ein Gruppenbild mit Fischkirner, und der war tatsächlich feierlich angezogen. Er trug eine – schief sitzende – Krawatte und: *einen Tropenhelm!* Ja, Professor Fischkirner saß, dünner und asketischer noch als sonst, inmitten einer Gruppe von Negern, die ihn, angetan mit kurzen Pantherfell-Lendenschurzen und Speeren, dicht umlagerten. Offenbar war das Foto bei einem von Fischkirners Besuchen in Südafrika entstanden. Dass das Foto leicht unscharf war, kam hinzu.

Um dieses Foto und die ganze Angelegenheit darum herum ins Lustige umzudeuten, fehlte Bernhard Selig die Kraft. Er griff zum Telefon und sagte Eberhard Wolf, das Foto, das er von Margret van Leuwen erhalten habe, zeige Fischkirner klein und unscharf in Südafrika inmitten einer Gruppe von Schwarzen, und es sei natürlich nicht zu verwenden. Wolf möge mit Fischkirner einen Fototermin ausmachen. Er, Selig, müsse endgültig und ausschließlich beim Formatieren bleiben, sonst sei an ein Fertigwerden nicht zu denken. Nun müsse man einfach mit offenen Karten spielen. Fischkirner wüsste ja inzwischen wohl, dass da etwas mit einer Festschrift im Busch sei. (Selig lachte kurz und bellend auf.) Ob denn Wolf einen guten Fotoapparat habe und ein Foto machen könne.

Er habe so einen kleinen Fotoapparat mit eingebautem Blitzlicht für Gelegenheitsfotos eben, sagte Wolf leicht irritiert. Ob er damit denn ein solches Foto machen könne.

Nein, meinte Selig, und wunderte sich schwebend müde, dass Theologen es offenbar als ein geistiges Adelsprädikat ansahen, von technischen Zusammenhängen nichts zu verstehen. Nein, damit könne man ein solches Foto nicht machen. Wolf möge wenigstens erreichen, dass Fischkirner übermorgen feierlich gekleidet im Seminar sei. Dann werde er, Selig, eben in Gottes Namen mit seiner Spiegelreflex anrücken. (Selig unterdrückte das ›eben auch noch‹, das ihm auf der Zunge lag.) Er würde dann die Fotos machen. Sie müssten sich beeilen, denn in der kommenden Woche reise Fischkirner ja nach Zimbabwe und käme erst Anfang September wieder zurück.

Am Donnerstag hatte Professor Fischkirner vergessen, dass an diesem Tag der Fototermin sein sollte. So machte Bernhard Selig am Freitag Vormittag mit einem Ilford-Film 24 Bilder. Er brachte den Film zum Zentralen Fotolabor der Universität mit der Bitte, ihn möglichst schnell zu entwickeln. Was ihm die freundliche Angestellte mit einem überaus charmanten Lächeln auch zusagte.

Als Selig am Montag die Bilder abholte, war er vom Ergebnis enttäuscht. Die Bilder waren sehr flach und extrem kontrastarm. Als er die Angestellte vorsichtig darauf ansprach, sagte die lächelnd, ja, das sei wohl so, weil sie nur diesen einen Entwickler verwendeten, der für Reproaufnahmen gedacht sei. Mit einem Spezialentwickler würden die Filme natürlich besser.

XXXIII

In diesen Tagen flog Professor Fischkirner also zu einer längeren Vortragsreise nach Zimbabwe. Er wollte dort zu neuen Entwicklungen der Theologie der Befreiung und der Wichtigkeit der Gleichnisse für diese Theologie sprechen.

In der Nacht nach Fischkirners Abreise, gegen 10 Uhr 30, als Selig das Seminar verließ, hatte er immerhin schon die schwierigste Formel des Robbenstaek-Texts mit der Mehrfachsubskription in den Griff bekommen; wie die Papierfassung Robbenstaeks es vorsah, stand nun da:

(i) (g^0n^0 / g1n1g2n2 ... gmnm)

(ii) (g^0n^0+1 / g^1n^1+$^1g^2n^2$+1 ... gmnm+1)

Diese Formel hatten Selig in den letzten zwei Stunden vor Mitternacht genötigt, durch Ausprobieren folgende Formatierung zu erarbeiten:

```
[Tbl.Def.:I;1.9c][Reihe][Feld](i)
([KURSIV]k[kursiv][HOCH]0[hoch][hoch]
[Textpos.Links:0,15c][KURSIV]n[kursiv]
[Textpos.hoch:0,15c][KLEIN]0[klein][hoch]
[Textpos.Hoch:0,15c]/k[HOCH]1[hoch][hoch]
[Textpos.Links:0,15c][KURSIV]n[kursiv]
[Textpos.hoch:0,15c][KLEIN]1[klein][hoch]
[Textpos.Hoch:0,15c]k[HOCH]2[hoch][hoch]
[Textpos.Links:0,15c][KURSIV]n[kursiv]
[Textpos.hoch:0,15c][KLEIN]2[klein][hoch]
[Textpos.Hoch:0,15c]...k[KURSIV]
[HOCH]m[kursiv][hoch][hoch]
[Textpos.Links:0,15c][KURSIV]n[kursiv]
[Textpos.hoch:0,15c][KLEIN][KURSIV]m[kursiv]
[klein][hoch][Textpos.Hoch:0,15c])[FNZ][FNZ]
(ii)([KURSIV]k[kursiv][HOCH]0[hoch][hoch]
[Textpos.Links:0,15c][KURSIV]n[kursiv]
[Textpos.hoch:0,15c]
[KLEIN]0[Textpos.Hoch:0,15c]+1[klein]
[hoch]/k[HOCH]1[hoch][hoch]
[Textpos.Links:0,15c][KURSIV]n[kursiv]
[Textpos.hoch:0,15c]
[KLEIN]1[Textpos.Hoch:0,15c]+1[klein]
[hoch]k[HOCH]2[hoch][hoch]
[Textpos.Links:0,15c][KURSIV]n[kursiv]
[Textpos.hoch:0,15c]
[KLEIN]2[Textpos.Hoch:0,15c]+1[klein]
[hoch]...k[KURSIV][HOCH]m[kursiv][hoch]
[hoch][Textpos.Links:0,15c][KURSIV]n[kursiv]
[Textpos.hoch:0,15c][KLEIN][KURSIV]m[kursiv]
[Textpos.Hoch:0,15c]+1[klein][hoch])[Tblaus]
```

Selig, während der nächtlichen Fahrt mit dem Auto hinauf zum Ortsteil Tübingen-Wanne, überlegte müde, ob nun in dem *g* dieser Formel, wie Robbenstaek versicherte, tatsächlich der Kern, gleichsam das große *G*, eines zukünftig endgültig zu führenden Gottesbeweises sich verbarg. Die Formatierungsanweisungen, sie zitterten noch vor Seligs Augen und schienen sich in der Windschutzscheibe zu spiegeln, und Selig hatte, was den Robbenstaekschen Gottesbeweis anging und obwohl er die Formeln nicht verstanden hatte, wahrhaft tiefe Zweifel an dessen Sinn und Durchführbarkeit.

Mit diesen Zweifeln, einer flackernden Kerze und einem Glas Rotwein setzte sich Bernhard Selig, nachdem er zu Hause angekommen war, noch auf den Balkon. Er stellte eine Halogen-Leselampe neben sich und las sich langsam durch den Text von Benno von Leistner. Von Leistner hatte auf die Zusendung der letzten Korrekturausdrucke nicht geantwortet, und Selig wollte nicht das Risiko eingehen, einen Text endgültig in die Festschrift aufzunehmen, der nicht noch einmal korrekturgelesen worden war. Er fand tatsächlich noch drei einfache Tippfehler.

Und während Selig las, strich der Wind durch die Bäume, in dem Geschmack des Rotweins schien ein tiefes, erdiges Geheimnis verborgen, und die Kerze flackerte, als wolle sie dem Wind widersprechen. Aber die Kerze erlosch nicht. Bernhard Selig genoss diese Nacht und ihre flackernden Stimmungen und wähnte sich in der Nähe des vollkommenen theologischen Glücks.

XXXIV

Als der Wecker am Dienstag morgen klingelte, erinnerte sich Bernhard Selig schlagartig daran, dass er über den Mühen mit dem Robbenstaek-Text vergessen hatte, den Verleger Dr. Litter anzurufen. Er frühstückte und rief gegen halb neun beim Litter-Verlag an. Die Sekretärin sagte, mit einer merkwürdigen Stimme, die Selig nicht zu deuten wusste, Herr Dr. Litter sei noch nicht da; Selig solle es in einer Stunde noch einmal versuchen.

Selig ging in sein Arbeitszimmer und schaltete seinen eigenen PC ein. Im Seminar hatte er sonst keine Termine; also konnte er mit dem Robbenstaek-Text auch zu Hause weitermachen. Außerdem hatte er hier seinen neuen 90er Pentium, während im Institut nur 486er standen. Der Unterschied in der Geschwindigkeit machte bei DOS-Programmen wie Starwriter 5.1 nur Sekunden aus, aber Selig hatte inzwischen das Gefühl, dass es tatsächlich auf jede Sekunde ankam.

Als Selig vom Bildschirm aufsah, war es bereits 11 Uhr. Er dachte daran, dass er ja noch bei Litter anrufen musste, und ging, auf einmal ruhiger geworden, zum Telefon. Er hatte getan, was er konnte, und heute war der 1. August. Selig hatte einige Erfahrungen mit dem Büchermachen. Im Grunde genommen musste alles noch klappen. Nachdem er gewählt hatte, hatte er auf einmal ein recht zuversichtliches Gefühl. Er musste jetzt nur mit dem Verlag das weitere Vorgehen –

Es meldete sich die Sekretärin, wieder mit der seltsam zerbrochen Stimme. (Selig kam jedenfalls plötzlich der

Gedanke, dass die Stimme der Frau in einer Weise vom Normalen abwich, wie der Klang eines Glases, das einen Sprung hat, wenn man mit dem Finger leicht dagegenschlägt, vom normalen Klang eines Glases abweicht.) Die Sekretärin sagte, dass sie Selig mit Herrn Dr. Litter verbinde.

Selig sagte zu Dr. Litter, der sich gleich darauf meldete, dass Herr Templer ihn gebeten habe, anzurufen. Sie hätten den vereinbarten Termin tatsächlich weit überschritten; er wisse das und wolle sich zunächst einmal entschuldigen; es habe da eine Menge Schwierigkeiten gegeben, von denen er zu Beginn des Unternehmens und auch, als er mit Herrn Templer über den Termin gesprochen habe, noch nichts geahnt –

Während er das sagte, hörte Selig am anderen Ende der Leitung ein ungeduldiges, unterdrückt-hastiges Atmen, das ihn recht stark irritierte und für einen Moment vermuten ließ, Dr. Litter habe Asthma und müsse gleich zu einem Spray greifen, um sich Erleichterung zu verschaffen. Im nächsten Augenblick jedoch, als Litter ihn laut und heftig unterbrach, war Selig schlagartig klar, dass dieses Atemgeräusch aus einem unter hohem Druck stehenden Bewusstsein kam, das es kaum noch aushalten konnte, dass der andere, also er, Selig, noch immer sprach.

Dr. Litter unterbrach Selig also und legte los. Er sprach erregt-abgehackt und leicht stotternd. Das sei ihm egal, welche Gründe es für die Verspätung gebe. Er, Selig, hätte einen Termin, der überschritten sei. Richtig?

Ja, ja, versuchte Selig den keuchenden Verleger zu beschwichtigen; er habe sich doch bereits dafür entschuldigt und versucht, die Gründe –

Die Gründe – Gründe, die spielten doch hier keine Rolle. Termine! Termine, ob denn Selig nicht wisse, was Termine seien? Termine, die müssten gelten, denn –

Doch, doch, versuchte Selig den Verleger zu beruhigen, das wisse er. Und er könne nur wiederholen, dass es ihm leid tue. Aber jetzt rufe er an, um zu besprechen, wie man weiter –

Genau jetzt, da Dr. Litter ihm wieder ins Wort fiel, begriff Selig, dass er es hier nicht um ein normales Gespräch ging. Dass ihm weder Promotion, noch Habilitation noch die Tatsache, dass er katholischer Priester war, jetzt helfen konnten. Schnell griff er rechts neben das Telefon und drückte auf eine kleinen roten Knopf, auf dem REC stand.

Bernhard Selig war nicht nur über das normale Maß hinaus von Computern beeindruckt; er schätzte auch sonst die Möglichkeiten, die sich ihm durch die moderne Technik boten. So hatte er schon seit mehr als einem Jahr neben seinem Anrufbeantworter zusätzlich einen kleinen Kassettenrecorder stehen, der, wurde er eingeschaltet, vermittels einer Induktionsspule den Ton des Telefons übernahm und aufzeichnete. Normalerweise benutzte Selig den Recorder nur, um theologische Diskussionen, die er hin und wieder mit Kollegen am Telefon führte, aufzuzeichnen. Er hatte die Erfahrung gemacht, dass ihm oftmals die besten und einleuchtendsten Gedanken während solcher Gespräche kamen und dass es vorkommen konnte, dass er, wenn er den Hörer aufgelegt hatte, sich an einen solchen Gedanken oder die richtige Formulierung des Gedankens nicht mehr korrekt erinnerte.

So also kam es, dass der Rest des Gesprächs zwischen Bernhard Selig und dem Verleger Litter vom Litter-Verlag von einer Tonbandkassette aufgezeichnet wurde und dass sich Selig, um sich in einigen Punkten hinsichtlich des Gesprächsverlaufs Gewissheit zu verschaffen, am übernächsten Tag, nachdem er den Text von Robbenstaek zu Ende formatiert hatte, an den PC setzte und das Gesprächsfragment abschrieb.

XXXV

Selig: – vorgehen kann.

Litter: Vor- vorgehen! Sie haben den Termin – haben Sie den – um – Wann war der Termin eigentlich?!

Selig: Wir hatten mit Herrn Templer vereinbart, dass wir die Druckvorlage Anfang Juli abliefern würden.

Litter: Also! Also! Und jetzt, jetzt – vier Wochen – jetzt haben wir August, nicht – nicht wahr?!

Selig: Jetzt haben wir August, ja. Das ist mir klar. Aber daran –

Litter: Ist Ihnen – also, ist Ihnen klar, dass Sie vier Wochen zu spät – zu spät kommen! Und jetzt – wir haben – haben auch noch andere – wir machen eine Menge – viele Bücher, und da müssen wir auch auf die Termine achten, nicht?! Also, eben – Termine, die wir – wir auch – auch einhalten! Ja! Einhalten können! Aber nur, wenn Sie sich auch an die Termine – an die Termine halten, nicht wahr! Und – und –

Selig: Herr Litter! Können Sie das Buch nicht mehr machen? Ich meine – wir können darüber sprechen, dass Sie das Buch nicht mehr rechtzeitig fertigstellen können. Dann müssen wir uns nach anderen Möglichkeiten umsehen. Sie sind ja formal im Recht. Wir haben den Termin überzogen. Ich habe versucht, Ihnen die Gründe darzulegen, aber Sie hören mir nicht zu, Herr Litter! Lassen Sie uns doch darüber reden, ob Sie das Buch noch rechtzeitig fertigstellen können oder nicht.

Litter: Gründe! Gründe! Alle haben immer – sie haben – alle haben Gründe! Ich kenne – das kenne ich! Alle haben Gründe! Alle! Gründe! Immer haben – alle haben immer Gründe! Aber – aber haben einen – einen Vertrag unterschrieben. Darin war ein – einen – eine – ein Termin! Das ist – erwachsenen Menschen – Menschen – Erwachsene

(An dieser Stelle, so berichtete Selig später, habe er sich, innerlich ruhig, gefragt, ob er den Verleger Dr. Litter vom Litter-Verlag als jemanden einstufen solle, der, unmedizinisch gesprochen, ›einen Schuss hatte‹, sodass es am besten war, begütigend auf ihn einzureden, oder ob er Dr. Litter als normalen Menschen gelten lassen musste, was aber unweigerlich zur Folge haben würde, dass ihm, Selig, jetzt – in diesem Augenblick der Geduldsfaden riss.

In einem blitzhellen Gedanken habe er, Selig, die Tatsache erfasst, dass er keinen Grund, keine Fähigkeit und kein Recht hatte, Dr. Litter für verrückt zu erklären, und im gleichen Moment, in dem ihm das klar war, habe er auch schon begonnen, ins Telefon zu brüllen.)

Selig: Hören Sie, Herr Litter! Ich habe Sie jetzt fünf Minuten reden lassen. Ich habe versucht, ruhig mit Ihnen zu sprechen –

Litter: Was – was heißt – was heißt ruhig sprechen! Sie haben den Termin nicht – nicht –

Selig: Ich habe bis jetzt versucht, ruhig mit Ihnen zu sprechen. Jetzt ist (extrem laut) Schluss!

Litter: Was – haben Sie denn! Sie haben einen – einen Vertrag unterschrieben – einen – erwachsene Menschen! Einen Vertrag! Erwachsene Menschen – das ist ein juristischer Begriff! Erwachsene Menschen!

Selig: (weiterhin sehr laut) Ich habe bisher ein einziges Mal mit Ihnen telefoniert, und es war dies ebenfalls ein sehr unersprießliches Gespräch. Was ich mich frage, ist: Haben Sie eigentlich einmal überlegt, wie *Sie* mit erwachsenen Menschen sprechen?! Sind Sie in der Lage, darüber nachzudenken, wie Sie mit mir jetzt reden? Es war damals vor fünf Jahren genau das gleiche.

Litter: Was – was war da denn, he?!

An dieser Stelle erzählte Selig die kleine Begebenheit, an die er sich erst jetzt wirklich plastisch und in Einzelheiten erinnerte: Ein junger mexikanischer Theologe, Heriberto de la Barquera, mit dem Selig befreundet war, hatte vor fünf Jahren in Tübingen promoviert und hatte am Ende seine Dissertation beim Litter-Verlag veröffentlicht. Als Heriberto de la Barquera schließlich Selig ein mit einer Widmung versehenes Exemplar seiner Dissertation gab, hatte Selig am Abend beim Lesen bemerkt, dass, zumindest in dem Exemplar, das er in Händen hielt, das Inhaltsverzeichnis fehlte. Er rief seinen Freund Heriberto an, der südamerikanisch entsetzt war. D. h. die Sache tragisch und schrecklich fand, aber, es war seiner Stimme anzuhören, meinte, da könne man nun einfach nichts mehr ändern. Heriberto hatte das Inhaltsverzeichnis schlichtweg vergessen beizulegen. Selig, deutsch und gründlich, sagte, er werde beim Verlag anrufen und dafür plädieren, dass Verlag und Autor sich die Verantwortung und damit die Kosten für diesen Lapsus und seine Beseitigung teilten. Er war zuversichtlich, dass der Verlag da zustimmen werde. Immerhin sei es auch eine Sache eines Verlags, dass seine Bücher zumindest formal in Ordnung seien, und dass ein Buch ein Inhaltsverzeichnis habe, sei so eine formale Sache. Die 250 Exemplare der Dissertation müssten noch einmal aufgeschnitten, das Inhaltsverzeichnis eingelegt und die Bücher neu gebunden werden. Damals also hatte Selig zum ersten und bis jetzt einzigen Mal mit Dr. Litter telefoniert. Der hatte damals sofort – in der gleichen Sprechweise wie jetzt – auf den Vertrag mit dem Autor verwiesen, dem zufolge der Autor für die Druckvorlage die alleinige Verantwortung trage, und Seligs Hinweis, dass ein Verlag doch zumindest, wenn er schon seine Bücher nicht mehr lektoriere, die Druckvorlagen einmal durchblättern müsse, hatte Dr. Litter mit Verweis auf den Verlagsvertrag, in dem solches nicht vereinbart sei, kategorisch zurückgewiesen. Heriberto de la Barqueras Dissertation über ›Tod und Leben bei Aristoteles und Thomas von Aquin‹ steht seitdem ohne Inhaltsverzeichnis in den Bibliotheken.

Selig: Sie haben damals schon angedeutet, dass Sie Bücher nicht interessieren und dass Sie die Bücher, die Sie verlegen, also auch nicht ansehen. Damals fehlte ein Inhaltsverzeichnis in einem Buch, und Sie haben sich geweigert, dafür auch nur einen Teil der Verantwortung zu übernehmen.

Litter: Wieso?! Im Vertrag steht – er hat eine Vertrag unterschrieben, nicht? – steht, dass er – dass – der Autor – dass er eine druckfertige – eine fertige – das steht im Vertrag – eine fertige Sache vorzulegen hat! Wenn einer was vergisst – das ist nicht – ist nicht – ist das nicht unsere – das ist seine Sache! Das muss – muss dann – der – der – er verantworten!

Selig: (jetzt knurrend-resignierend) Ich sehe schon, Herr Litter, wir können uns in diesen Punkten wohl nicht verständigen. Sagen Sie mir jetzt bitte nur noch, ob es sinnvoll ist, dass ich Ihnen die Druckvorlagen gebe.

Litter: Bis wann können Sie – ich meine, die Organisation! Wir müssen das – umstellen – organisieren! Bis wann sind Sie fertig?!

Selig: (weiter in der Resignation versinkend) Wir könnten es, denke ich, bis zum 10. August schaffen.

Litter: Was heißt – könn- könnten?! Unter erwachsenen Menschen – erwachsene Menschen, das ist eine – ein juristischer Begriff! Erwachsene Menschen! Termine – wir halten uns auch an – an – Termine, nicht?!

Selig: Wir werden uns bemühen, bis zum 10. fertig zu sein. Im übrigen sollten Sie wirklich einmal darüber nachdenken, wie Sie mit anderen Menschen und insbesondere mit Ihren Autoren und Herausgebern reden, Herr Dr. Litter! Der Ton, den Sie anschlagen – das ist nicht vernünftig.

Litter: Wir sind mit – unseren Methoden aber immerhin – immerhin doch ziemlich erfolgreich!

Selig: Erfolg kann verschiedene Gründe haben, Herr Dr. Litter. Darüber möchte ich jetzt aber wirklich nicht mehr mit Ihnen sprechen. Bitte entschuldigen Sie. Auf Wiederhören!

XXXVI

Nachdem er aufgelegt hatte, zitterte Selig vor Anspannung und Erregung, und er wunderte sich eine halbe Stunde später, noch immer zitternd, darüber, dass er, der sich sonst etwas auf seine Unerschütterlichkeit zugute hielt, in der Tat vor Ärger fast platzte. Wie in weiter Entfernung hörte er noch seine eigenen Worte, und er wunderte sich, wie in dem Echo einer Verwunderung, dass er soeben am Telefon tatsächlich mit einem reflexhaften ›Bitte entschuldigen Sie‹ geendet hatte.

Noch mehr wunderte sich Selig, dass das leise Ärger-Zittern auch drei Stunden, nachdem er den Hörer aufgelegt hatte, nicht abgeklungen war. Er rief daraufhin Eberhard Wolf an und schilderte ihm den Vorfall. Gleichzeitig bat er Wolf, am nächsten Tag beim Litter-Verlag anzurufen, um definitiv herauszufinden, ob denn der 10. August als Abgabetermin ausreichend sei. So ganz sicher habe er das in seiner Erregung nicht aus Dr. Litters Gestammel heraushören können.

XXXVII

Am darauffolgenden Tag hatte sich der Zorn in Selig nur unwesentlich abgeschwächt, und ihn trieb der Gedanke um, dass diese Festschrift doch nicht im Litter-Verlag erscheinen sollte. Nachdem sich dieser Dr. Litter so aufgeführt hatte! Um seine Anspannung weiter abzubauen, setzte sich Bernhard Selig an seinen Computer, und verfasste den folgenden Text, den er per Fax an Trutz Winkelmann in den Pandschab schickte.

Lieber Trutz,

in Sachen FS hat sich doch etwas sehr, sehr Unerfreuliches ereignet. Ich habe gestern diesen Dr. Litter, den Besitzer von Litter, angerufen, um Termine abzusprechen. Templer war in Urlaub und hatte per Anrufbeantworter drum gebeten. Dass dieser Litter ein Choleriker und Dr. Seltsam ist, habe ich schon von verschiedenen Seiten gehört. (Irene Pötsch, die Philosophin, die bei Litter vor Jahren ihre Dissertation veröffentlicht hat, hat mir vor gut zwei Wochen, also geraume Zeit vor meinem Anruf, erzählt, dass dieser Dr. Litter seinerzeit die Unterredung mit ihr doch tatsächlich mit einem Fahrradhelm auf dem Kopf geführt hat und alle drei Minuten aufsprang mit dem Hinweis, er müsse eben mal telefonieren. Dabei habe er in der Gegend herumgefuchtelt, als ob er unsichtbare Fliegen vertreiben müsse. Nur um Dir ein Bild von dieser Person zu geben.)

Nun also: was sich da, kaum dass ich mich gemeldet hatte, abspielte, lässt sich doch kaum beschreiben. Eine in stotternder Aufgebrachtheit vorgetragene Schurigelung und Abmahnung, derart, dass »erwachsenen Menschen – müssen doch – Termine ... Wann war Ihr Termin? Also, und da kommen Sie jetzt und ...«. Es war kein Dazwischenkommen, und der Mensch sprach in einer Tour, wie ein durchgedrehter Grundschullehrer, der einen zu spät gekommenen Erstklässler abkanzelt. Ich habe 5 Minuten lang immer wieder versucht, herauszufinden, ob es denn nicht mehr geht mit der Veröffentlichung oder bis wann es noch geht und ab wann nicht – es war keine Antwort zu bekommen. Dann, nach diesen 5 Minuten, hatte ich endgültig genug, und habe meinerseits, um den Menschen irgendwie zur Räson zu bringen, ins Telefon geschrien, er solle sich, verdammt noch mal, endlich wie ein vernünftiger Mensch benehmen. Es war nichts zu machen, und ich habe ihn weitere 5 Minuten lang zusammengeschrien. Was nicht souverän war, aber wenigstens halbwegs gut getan hat.

Was mir wirklich Bauchschmerzen bereitet, ist: dass ich für einen [redacted][1] von Verleger ein Buch setze, das mich bis jetzt, ich weiß nicht, vielleicht 200 Stunden Arbeit gekostet hat. Davon abgesehen, dass ich in diesem Buch auch noch selbst was geschrieben habe. Klar ist: dass ich in Zukunft in keinem – nicht in irgendeinem Erzeugnis des Litter-Verlags eine einzige Zeile veröffentlichen werde. Das gilt auch für dieses Einführungsbuch, das Fischkirner da angeleiert hat, wenn es bei Litter erscheint. Ich selbst, wäre ich alleiniger Herausgeber, hätte die Festschrift auf der Stelle zurückgezogen, Vertrag hin oder her. Ein Verlag, der derartig impertinent und unkooperativ ist und der wirklich nur fertige Satzvorlagen will, die da nicht einmal mehr durchgeblättert werden – das kam da auch noch zur Sprache –, so etwas ist eine Beutelschneide-Anstalt und sonst nichts. (Immerhin hätte Litter, hätten wir den ursprünglichen Vertrag akzeptiert, 2000 Mark Gewinn durch die Herausgeber gemacht, bevor er noch das erste Exemplar verkauft hätte.) Ich habe mich gestern wirklich schrecklich gefühlt, zerrieben irgendwo zwischen Jakob und Robbenstaek. Letzterer kommt mit keiner neuen, lesbaren Diskette rüber, obwohl er es letzte Woche zugesagt hat, und dann noch diesen Litter, mit seinem aufgebrachten Gestottere, dass ihn Gründe für eine Verzögerung nicht interessierten.

1 Werner Zillig hat seinerzeit hier geschrieben: »Ich halte diese Blockade für geboten, um dem Tatbestand der Beleidigung aus dem Wege zu gehen und Bernhard Selig – so es den Pseudonymenjägern doch gelingt, den authentischen Dr. Litter aufzuspüren – vor den Folgen seines Zorns zu schützen.« Dem kann ich mich heute selbstverständlich ohne Vorbehalt anschließen. B. S.

Kurz und gut, und wie dem auch sei: ich habe Eberhard gebeten, ob er bei Litter rausfinden kann, ob es denn bis kommenden Freitag noch geht. Ich selbst will mit diesem Kerl nie wieder etwas zu tun haben. Eberhard hat gestern niemanden und nichts erreicht. Mal sehen.

Was ich frage: Haben wir Deine Zustimmung, dass wir, wenn sich die Sache in welcher Form auch immer zuspitzen sollte, das ganze bei Litter abbrechen können? Ich würde dann zwei Wege sehen: entweder macht Kleinle mit, wenn wir fertige Bücher liefern, oder eben doch im Omega Verlag, zu dem ich, wie Du weißt, gute Beziehungen habe. Was diesen Vertrag mit Litter angeht, würde ich dafür gerade stehen – der Vertrag platzt dann wegen unvorhersehbarer und unausräumbarer menschlicher Differenzen eines der Herausgeber mit dem Verleger, wie die Juristen das vielleicht formulieren würden.

Wie zu ersehen, mir stinkt die Sache so unendlich, dass es überhaupt keine Worte gibt.

P.S.Wir haben nicht mehr drüber gesprochen: Dank für Deine Korrekturen und Ermahnungen in meinem Aufsatz. Ich habe sie alle, zumindest in der Tendenz, berücksichtigt. Sie waren durchaus berechtigt.

Trutz Winkelmann faxte eine handschriftlich verfasste Seite zurück:

Lieber Bernhard,

vielen Dank für Dein Fax. Was sich dieser Widerling-Litter erlaubt, ist gemein! Man sollte ihm unser schönes Buch entziehen, wenn er uns ärgert. Ich habe schon die 1000 Taler an Litter überwiesen.

Mit einem Verlagswechsel bin ich einverstanden. Warum nicht der Omega-Verlag? Tut mir leid, dass Du

Dich über diesen Zwitter-Litter so hast ärgern müssen! Omega-Verlag? Find' ich gut!

Mir geht's hier wie immer (von einer kleinen Erkältung abgesehen) gut. Viele Grüße auch an Eberhard,

Trutz

XXXVIII

Noch einmal einen Tag später, als Selig wieder bei Wolf anrief, schilderte dieser den Ablauf seiner Bemühungen so: Er, Wolf, habe also tags zuvor, am Vormittag, beim Litter-Verlag angerufen, doch der Dr. Litter sei nicht dagewesen. Die Sekretärin habe ihn gebeten, eineinhalb Stunden später noch einmal anzurufen. Das habe er getan. Da habe Dr. Litter lange und ausführlich mit einer anderen Person telefoniert. Daraufhin habe er, Wolf, die Sekretärin gebeten, dass Dr. Litter ihn doch zurückrufe. Eine dreiviertel Stunde später, jetzt also kurz vor 1 Uhr, habe dann die Sekretärin angerufen und mitgeteilt, dass er, Wolf, nun mit Dr. Litter sprechen könne. Da aber habe er, Wolf, beim Essen gesessen, und er habe darum Dr. Litter ausrichten lassen, dieser möge später anrufen, denn er, Wolf, säße gerade beim Essen. Dr. Litter habe ihn nun aber bis jetzt nicht angerufen. Ob man denn nicht davon ausgehen könne, dass das bedeute, dass der 10. August als Abgabetermin schon reiche?

So beschlossen beide, Wolf und Selig, dass das nicht zustande gekommene Telefongespräch als ausreichend anzusehen sei, und dass man davon ausgehen dürfe, dass der 10. August als Abgabetermin in Ordnung gehe. (Selig hatte dieser Interpretation Wolfs rasch beigepflichtet, weil er aus subliminalen und darum nur erahnten Anzeichen zu erschließen meinte, dass er Eberhard Wolf soeben beim Abendessen gestört hatte.)

XXXIX

Die Feriensprechstunde am Mittwoch kam Selig äußerst ungelegen. Er war sehr müde, und seine Bedenken, dass er die Druckvorlage bis Freitag, den 10. August, nicht würde fertigstellen können, verdichteten sich.

Gleich zu Beginn der Sprechstunde kam eine Studentin mit zornrotem Kopf zur Tür herein und erinnerte ihn daran: Er habe ihr vor drei Wochen schon zugesagt, dass er ihr ihre Hausarbeit und den Schein innerhalb von einer Woche zuschicken werde. Vor drei Wochen sei das gewesen, und sie habe Hausarbeit und Schein noch immer nicht bekommen.

»Gut«, sagte Selig. »Das ist mir sehr unangenehm. Sie bekommen Ihren Schein in den nächsten Tagen. Ich verspreche es Ihnen.«

Das Gesicht der Studentin wurde noch um einige Nuancen röter, und die Pickel an ihrem Kinn traten jetzt so deutlich hervor, dass Selig nicht anders konnte, als fortwährend auf diese kleinen, leuchtenden weißlich-roten Kreise zu starren. »Wissen Sie, Herr Selig«, sagte die Studentin, »mir ist klar, dass Sie viel zu tun haben; aber Sie haben zugesagt, dass Sie mir die Arbeit und den Schein innerhalb von einer Woche zuschicken. Ich will mich in den nächsten Tagen um ein Praktikum bewerben, und ich möchte den Schein jetzt!«

Selig, in dessen Gedanken bis zu dieser Sekunde der 10. August mit den Pickeln auf dem Kinn der Studentin in Form von merkwürdigen Kreisen interferiert hatte, wurde starr. »Bitte setzen Sie sich einen Augenblick«, sagte er der Studentin, die sich auf einen Stuhl in der anderen Ecke des Zimmers niederließ. »Nur ein paar Worte! Ich habe vor Jahren bereits aufgegeben, bei den Studierenden um Verständnis dafür zu werben, dass die große Zahl der Studentinnen und Studenten diejenigen Dozentinnen und Dozenten, die die großen Seminare machen, zu einem beständigen Wurschteln zwingt. Die Universität funktioniert überhaupt nur noch, weil es Leute wie mich gibt, die diese verdammten Riesenseminare machen. Dozenten, die irgendwie nicht vernünftig ticken. Wenn dann die sehr korrekten jungen Leute, Leute wie Sie, in diese Seminare kommen, wird die Sache allerdings schwierig. Ich möchte Ihnen daher einen ernstgemeinten Rat geben: Besuchen Sie im nächsten Semester das Genesis-Seminar von Professor Kühn. In Kühns Seminaren sitzen dem Vernehmen nach kaum jemals mehr als drei bis vier Studierende, und Sie dürfen sicher sein, dass ein so korrekter Mann wie Professor Kühn sie niemals auf einen Seminarschein warten lässt. Machen Sie bei ihm Examen! Sie werden mit Professor Kühn jederzeit zufrieden sein. Sie und er sind aus dem gleichen Holz.«

Die Studentin war offenbar irritiert und wusste nicht, was er ihr eigentlich sagen wollte, und Selig hielt inne, und in seinem Inneren sagte eine impulsive Stimme, für die er sich sogleich schämte, dass er pickelige und dabei auch noch begriffsstutzige Studentinnen einfach nicht leiden konnte.

»Ich meine ja nur, wenn Sie mir zusagt haben ...«

»Das haben Sie bereits gesagt«, unterbrach Selig. »Ich bitte noch einmal um Entschuldigung und Nachsicht. Sie bekommen Ihren Schein in drei Tagen.«

»Ich habe den Schein auch schon ausgefüllt.« Die Studentin versuchte jetzt offenbar einzulenken. Sie hielt ihm ein handschriftlich ausgefülltes Scheinformular hin. Freya von Bismarck stand da in einer kleinen, krakeligen Kinderschrift. ›Der junge deutsche Adel‹, formulierte es in Seligs Kopf. ›Schlichten Gemüts, pickelig, aber von unnachsichtiger preußischer Härte!‹

»Schön, lassen Sie den Schein da liegen. Ich fülle meine Scheine mit dem Computer aus.« Selig ging zur Tür und öffnete sie weit. »Bitte!«

Der Rest der Sprechstunde war unproblematisch. Die meisten, die kamen, wollten über ihr Examen im kommenden Herbst sprechen. Die Festschriftnervosität kehrte zurück, und am Ende der Sprechstunde sagte sich Selig, dass er vor lauter Nervosität beinahe abergläubisch geworden sei: Vor ein paar Tagen hatte ihm Konrad Marr, dem er einige Sonderdrucke geschickt hatte, die Festschrift geschickt, die Marr und Arno Wiesel ihrem Doktorvater Herbert Ganzel zu dessen 65. Geburtstag zusammengestellt hatten. Im Vorwort fand sich der launige Hinweis:

> Alle, die an dieser Festschrift mitgearbeitet haben, werden hübsche Erinnerungen mitnehmen. Sie werden sich beispielsweise erinnern, dass ein Programmfehler beina-

he alle Dateien zerstört hätte und immerhin eine große Zahl von Formatierungen wie ein gefräßiger Zeichenwolf einfach auffraß, und das just in der Zeit, in der die Druckvorlage, längst überfällig, nun endlich und endgültig zum Verlag gehen sollte.

Bernhard Selig wurde nun nächtens von der Vorstellung heimgesucht, dass das fragile Etwas, das auf dem PC im Institut und auf seinem PC zu Hause doppelt existierte und das er mit Hilfe von PKZIP immer auch noch doppelt auf Disketten sicherte – dass diese Ansammlung ungreifbarer Magnetisierungen aus welchem Grund auch immer beschädigt würde, sodass aus dem Laserdrucker nur noch unschöne Fragmente heraussummen würden. Beide Festplatten waren beschädigt, und die ZIP-Dateien melden sich mit

> The named .ZIP file has a corrupted file index. Use PKZIPFIX to attempt reconstruction of the .ZIP file. In some cases the damage to the .ZIP file may be very extensive. If the file is too badly damaged PKZIPFIX will not be able to recover the file.

Er erwachte auf dem Flur aus diesen Tag-Albträumen und war nicht beruhigt, weil er nun wusste, dass er geträumt hatte; vielmehr war er von Vorstellungen umlagert, dass dieser schreckliche Traum am folgenden Tag Wirklichkeit werden würde.

Und dann, wach liegend, erinnerte er sich wieder an das Vorwort von Marr und Wiesel in der Festschrift für Ganzel, die sich bei vier Hilfskräften für deren Arbeit bedankten und eine zusätzliche Hilfskraft erwähnten, die »die Einrichtung der Abbildungen übernommen« hatte. Selig sagte sich unaufgebracht-stoisch, dass er also die Arbeit von vier Hilfskräften übernommen hatte, denn die Probleme mit den Schemazeichnungen lagen selbstverständlich auch bei ihm, und er schwor sich, dass er, sollte er aus dieser Unternehmung einigermaßen heil herauskommen – dann wollte er öffentlich und klar alle Gefährdeten warnen. Sie sollten um Gottes Willen die Finger von einer solchen Sache lassen, wenn ihnen nicht fünf qualifizierte und zupackende Hilfskräfte zur Verfügung standen.

Selig saß also zerschlagen und müde und mit den schwirrenden Festplattenschadensgedanken im Kopf in seinem Zimmer, um die Sprechstunde zu beginnen, als die Dekanatssekretärin, Frau Hirschfeld, den Kopf zur Tür hereinstreckte und im Namen des Dekans fragte, ob er, ausnahmsweise, im kommenden Wintersemester drei zusätzliche Proseminare abhalten könne. Wie er wisse, sei Herr Professor Werkmeister ernsthaft krank – Professor Werkmeisters Depressionen seien ja, wie man höre, nicht besser geworden, fügte sie erklärend hinzu –, und Professor Werkmeister werde aller Voraussicht nach auch im Wintersemester nicht lehren können.

Er werde darüber nachdenken, sagte Selig, und dann werde er mit Professor Fischkirner sprechen, wenn dieser aus Zimbabwe zurück sei.

XL

Denn Rest des Mittwochs und den ganzen Donnerstag waren Selig und Sabine Breuer am Laserdrucker damit beschäftigt, die Aufsätze mit den endgültigen Seitenzahlen zu versehen und auszudrucken. Der Laserdrucker produzierte nach ein paar Seiten unregelmäßige schwarze Flecken auf dem Papier. Selig kam ins Schwitzen und stellte sich vor, dass nicht die Festplatte streiken, sondern der Laserdrucker kaputtgehen werde.

Am Dienstag Vormittag half Wolf bei der Arbeit an der Druckvorlage mit. Selig hatte ihn mit einem Telefonat darum gebeten. Wolf erzählte vorweg, dass am Abend zuvor der Berliner Islam-Wissenschaftler Helmut Kraus in höchster Erregung angerufen und mit seiner hohen Stimme ins Telefon gerufen habe: Es sei ihm, Kraus, zu Ohren gekommen, dass in Tübingen eine Festschrift für Fischkirner entstehe! Aber er, Kraus, habe davon nichts erfahren! Wie so etwas denn möglich sei? Schließlich habe seinerzeit Fischkirner auch einen Beitrag zu seiner, Kraus' Festschrift geschrieben. Wolf sagte, er habe Kraus wahrscheinlich nur vorläufig beruhigen können mit dem Hinweis, dass aus Umfangsgründen sämtliche nichtchristlichen Theologen hätten unberücksichtigt bleiben müssen. Sie müssten damit rechnen, dass Kraus auch noch bei Fischkirner anrufen werde.[1]

1 Selig schaute in der Aufstellung von Margret van Leuwen nach: Fischkirner hatte bisher in fünf Festschriften einen Beitrag geschrieben, und es stand 3:2. Sie hatten drei der fünf ›Jubilare‹ nicht eingeladen, und zwei hatten sie eingeladen. Selig erkannte hier einen hochinteressanten formalen Forschungsansatz zur Wis-

Nach dieser Mitteilung entfernte Eberhard Wolf mit dicken Tropfen Tipp-Ex die schwarzen Flecken auf den Seiten so gut es eben ging. Während einer kurzen Arbeitspause berichtete Wolf dann noch eine hübsche, erheiternde Begebenheit: Selig habe doch zu dieser Einladung bei Fischkirner neulich dieses Buch von Schwanitz, ›Campus‹, mitgebracht. Im Eifer der Empfangsminuten müsse Fischkirner das übersehen haben. Jedenfalls habe der Roman vor zwei, drei Tagen dann im Seminar auf Fischkirners Schreibtisch im Seminar gelegen, und Fischkirner habe beim üblichen gemeinsamen nachmittäglichen Kaffeetrinken zu den Hilfskräften gesagt: Er wisse nicht mehr, wer ihm dieses Buch eigentlich mitgebracht habe, aber es sei der mit Sicherheit – ja, er nehme dieses Wort mit Vorsatz in den Mund: es sei der *bescheuertste* Roman, den er jemals zu Gesicht bekommen habe.

Wolf, Selig und auch Sabine Breuer, die dabeisaß, alle lachten sie herzlich, und sie fühlten sich von der wahrhaft freigeistigen, intellektuellen Atmosphäre, die das Fischkir-

senschaftstheorie und notierte in der folgenden Nacht in sein Tagebuch: ›Würde man die Teilnahme an Festschriften – die ja nicht identisch ist mit der Anzahl der Einladungen – in ein Soziogramm übertragen, dass die Beziehungen abträgt, so hätte man gewiss einen hervorragenden Grundstock für wissenschaftspsychologische und -soziologische Reflexionen. Wer schreibt für wen und wer hat Freunde? Im übrigen zeigt der Anruf von Kraus, dass es so manche fromme Männer gibt, die hinter den Kulissen jede Art von Zurückhaltung ablegen. Bei den Herausgebern einer Festschrift nachzufragen, warum man nicht eingeladen worden sei, ist ja nichts anderes, als bei einer Geburtstagsfeier einen der Söhne anzurufen und zu fragen, warum man nicht zu diesem Geburtstag eingeladen worden ist. Ist der Sohn am Telefon gescheit, wird er antworten: ›Weil Sie, verehrter Herr, einer sind, von dem wir ahnten, dass er Anrufe wie diesen tätigt.‹

ner-Lehrstuhl-Klima ausmachte, wohlig umfangen.

Um elf Uhr sagte Wolf dann, dass er jetzt leider nur noch eine halbe Stunde Zeit habe, denn er müsse seine Mutter und zwei ihrer Freundinnen, Ordensschwestern im übrigen, in ein kirchliches Erholungsheim an den Lago Maggiore fahren. Er könne da leider nichts mehr ändern. Dieser Zeitpunkt stehe seit mehr als zwei Monaten fest. Er selbst werde dann für vierzehn Tage in eben diesem Hotel bleiben, denn es lohne sich ja nicht, hin und her zu fahren; und im übrigen sei er von dem Redigieren der Festschrift-Aufsätze im Frühjahr selbst jetzt noch immer sehr mitgenommen und brauche den Urlaub dringend.

XLI

Am Donnerstag stellte es sich heraus, dass der Laserdrucker nicht kaputt war. Lediglich die Kartusche – die Selig für die Erstellung der Druckvorlagen extra neu eingelegt hatte – war defekt. So druckten sie mit der alten Kartusche weiter, die zwar ein wenig blassere Seiten ergab, dafür aber auch keine schwarzen Flecken produzierte. Schließlich, es ging gegen Mitternacht, war der Ausdruck beendet, und 479 Seiten lagen, jetzt hoffentlich richtig paginiert, auf einem Stapel. Sabine Breuer ging nach Hause.

Die weitere Nacht zum Freitag verbrachte Selig damit, das Inhaltsverzeichnis und die Titelseiten zu erstellen. Beides las er mehrfach durch, da er Angst hatte, dass er mehr als nur einen Tippfehler übersehen hatte.

Gegen 3 Uhr fuhr Selig zu seiner Wohnung, schlief vier Stunden und fuhr um 9 Uhr wieder ins Seminar, wo ihn Sabine Breuer bereits erwartete.

Sie blätterten nun die Seiten durch und warfen einen langen Blick auf jede Seite, damit keine offensichtlichen drucktechnischen Fehler übersehen wurden. Gerne hätte Selig die gesamte Druckvorlage eine Woche lang mit nach Hause genommen und noch einmal durchgelesen. Aber heute war der 13. August, und da musste – *musste!* – die Vorlage beim Verlag sein.

Um 1 Uhr hatte Sabine Breuer keine Zeit mehr und musste dringend zu ihren Examensvorbereitungen. Das Manuskript war durchgesehen. Einzelne Seiten, die unsauber gedruckt waren, hatten sie neu ausgedruckt, und sie hatten, laut lesend, damit kein Fehler unterlief, kontrolliert, dass die Seitenübergänge – ›letztes Wort: ... *Herodias'*‹ | ›erstes Wort: *Sünde* ...‹ – in Ordnung waren und sich durch den Neudruck nicht noch einmal verändert hatten.

Selig ging in die nahegelegene Bäckerei und trank im Stehen einen Kaffee. Als er zurückkam und in sein Zimmer ging, fand er auf dem Anrufbeantworter eine Anfrage der Sekretärin von Litter vor, die wissen wollte, ob die Vorlage im Laufe dieses Tages denn noch komme.

Selig setzte sich wieder an den Computer und gestaltete die Titelseite. Das Foto von Fischkirner legte er auf den Scanner und druckte es, gerastert und in die Vortitelseite eingepasst, auf dem Drucker aus.

XLII

Jetzt, auf einmal, war alles fertig. »Über der Stadt, dem Neckar, der Stiftskirche – über Tübingen und der Umgebung lag eine graue, neblige Stille, die selbst Engel rührte.«[1]

Bernhard Selig schrieb mit ausgelaugtem Kopf und müden Fingern noch einen Brief ohne Anrede und Grußformel an den Litter-Verlag, worin er darum bat, dass das Foto von Fischkirner neu und feiner gerastert, auf Kunstdruckpapier gedruckt werden sollte. Während er das schrieb, träumte er mit kurzen, zuckenden Gedanken davon, dass er diesem Dr. Litter einen Brief schrieb, worin er erläuterte, wie er seinen Satz, dass der Erfolg eines Verlages verschiedene Gründe haben könne, verstanden wissen wollte. Er, Dr. Litter, solle doch bitte in Umberto Ecos ›Foucaultschem Pendel‹ nachlesen, was da über die Verlegergestalt des Herrn Garamond und dessen Erfolg berichtet werde. Er, Bernhard Selig, wolle jetzt nicht auch noch die Mühe auf sich nehmen, die entsprechenden Stellen herauszusuchen. In seinem Kopf sei die Sache so aufbewahrt: Da sei ein Verleger, in Mailand wahrscheinlich, der zwei Verlage zu zwei Straßen hin besitze. Beide Verlage seien durch eine Art Verbindungsgang im ersten Stock miteinander verbunden. Der eine Verlag sei nun in der Welt des Geistes hoch angesehen und produziere außerordentliche Werke. Der andere,

---

1 So lautet ein Satz in Bernhard Seligs Tagebucheintrag vom übernächsten Tag, als er versuchte, die Stimmung zu beschreiben, die ihn an diesem Abend überkam.

rückwärtige Verlag, finanziere die Werke des zuvor genannten, indem er Autoren aus der Provinz zu unsäglichen Bedingungen verlege. Weil diese Autoren nichts mehr wünschten, als sich gedruckt zu sehen, nehme ihnen Garamond zuerst einmal mehr Geld ab, als die Herstellung ihres Buches in irgendeiner Druckerei kosten würde. Bevor also das Buch erscheine, seien die Verlagskosten mehr als gedeckt. Dann würden an Freunde und Verwandte des Autors einige Exemplare zum regulären Preis verkauft, was ein wenig zusätzlichen Gewinn bringe, und die Autoren aus der Provinz seien voll des Stolzes darüber, dass sie nun Autoren seien. Dann trete eine Pause ein. Nach ungefähr drei Jahren, wenn sich längst kein Käufer mehr finde, weil die Familien und die kleinen Städte schon wieder vergessen hätten, dass da ein Buch des Stolzes ihrer Familie, des Sohnes ihrer Stadt erschienen sei, käme der Schlussclou. Der Verlag zur hinteren Straße biete den Provinzautoren großzügig an: die Lagerkosten seien zu hoch geworden, man müsse das Werk einstampfen, wenn – ja, wenn der Autor sein Werke nicht – zu äußerst günstigen Konditionen! – selbst aufkaufe. Natürlich weit unter dem regulären Preis! Und das war sogar, gemessen am Verkaufspreis, irgendwie richtig. Nur dass der Aufkaufpreis exakt das Doppelte der Druckkosten betrug.

Die Autoren, beglückt, dass sie auf diese Weise zu günstigen Konditionen genug Freiexemplare erwerben konnten, die sie voller Stolz unter entfernteren Verwandten und neuen Freunden zu verschenken gedachten, nahmen in nahezu allen Fällen das Angebot an, und so hatte der Verlag zur hinteren Straße hin dreifach verdient, nämlich bei der Herstellung des Buches, die der Autor mehr als regulär bezahlte, beim Verkauf und beim Abstoßen desselben. Oder um es klarer noch zu sagen: Diese Kalkulation gehe für den Verlag auf jeden Fall auf. Selbst bei keinem einzigen regulär verkauften Buch würde der Verlag einen schönen, satten Gewinn durch die Eitelkeit der Autoren machen, die sich, komme was wolle, gedruckt sehen wollten. Das sei aus dem Gedächtnis wiedergeben, und so ungefähr stelle er, Selig, sich auch das Erfolgsgeheimnis des Litter-Verlags vor. Nur, dass der Litter-Verlag keine anderen, angesehenen Bücher auf diese Weise mitfinanziere, sondern den hübschen Gewinn für sich behalte. (Selig wusste, dass er diesen Brief an Litter niemals schreiben würde; doch der Gedanke daran bereitete seinem müden Geist ein gewisses Vergnügen.)

Als der wirkliche Brief aus dem Laserdrucker gelaufen war, legte Selig ihn oben auf die beiden Jurismappen, steckte alles zusammen in einen großen Bogen Packpapier, klebte das Paket mit braunem Paketklebeband zu und machte sich zu Fuß auf zum Verlag. Der Verlag mit der schönen Tübinger Adresse ›Ob dem Viehweidle 18‹ lag eigentlich an Seligs Nachhauseweg. Aber Selig, müde und, wie er am nächsten Tag für sein Tagebuch formulierte, ›in jeder Hinsicht am Ende‹, wollte noch einen Spaziergang machen.

Nachdem Selig das Paket einer Sekretärin des Litter-Verlags, die auch am Freitag um 17 Uhr noch arbeitete, in die Hand gedrückt hatte, ging er zurück in die Stadt, um einige Dinge einzukaufen und um sein Auto zu holen. Er kaufte also müde, zur Feier des Beschließens, bei dem Feinkostgeschäft ›La Crèmerie‹ in der Neckargasse einige besondere Kleinigkeiten und eine Flasche recht guten Weißweins und brachte alles zusammen zu seinem Wagen. Da fiel ihm ein, dass er eigentlich keine Lust hatte zu kochen. Er schloss den Wagen ab und machte sich auf zu einem Bummel durch das nächtliche Tübingen, das ihm jetzt, nachdem dieser Schritt getan war, wie frisch illuminiert vorkam. Von der Stiftskirche trieb es ihn die Lange Gasse hinunter. Gegen halb acht betrat er den ›Stern‹, um ein Abendessen zu bestellen und, müde wie er war, die Abgabe der Druckvorlage ein wenig zu feiern.

2. Teil

Manjo

I

Etwas Besonderes durfte es heute schon sein, sagte sich Bernhard Selig. Schnecken und ein Viertele trockener französischer Weißwein. Ein Salat vorher. Sich zurücklehnen, einfach nur schauen, Ruhe finden. Sagen, dass es geschafft war. Die Unruhe, ob denn in der Eile der letzten Tage sich nicht irgend etwas gravierend Fehlerhaftes in das Papierbündel der Druckvorlage hineingemogelt hatte, wegschieben und einfach nicht zulassen. Das Buch, das er in der Tasche hatte, diesen Roman von David Lodge mit dem laisierten katholischen Priester, der zusammen mit seinem Vater nach Hawaii fliegt, weil dort seine Tante, seines Vaters Schwester, im Sterben liegt – den Roman vorerst in der Tasche lassen. Er ist jetzt seit vier Wochen nicht dazu gekommen, ihn zu Ende zu lesen. Dieses Buch konnte auch noch bis zum Salat warten.

Selig sah sich um. Der ›Stern‹ war wie üblich voller Menschen. Als er das Lokal betreten hatte, hatte er schon gedacht, dass er wieder gehen müsste, weil kein Platz frei war. Dann hatte er diesen Tisch hier gesehen, an dem sechs Personen Platz hatten. Weil nur ein Mann und eine Frau an dem Tisch saßen, hatte er gefragt, ob er sich dazusetzen dürfe. ›Ja, klar‹, hatte die Frau mit einem kurzen Aufblicken gesagt, und er hatte sich in die Ecke, an das Ende des Tisches gesetzt, so, dass zwei freie Plätze zwischen ihm und dem Paar lagen und er in den Raum hineinsah. Die Müdigkeit, die ihn jetzt überfiel, ließ Selig einen Gedanken streifen, den zu denken er sich schon vor vielen Jahren, in einer Übung des reflexhaften Aufrufs zur inneren Disziplin, verboten hatte. Er blickte auf die Gruppen, die lachend, diskutierend, erzählend, herumsaßen, und er sah die Paare, die mit unterschiedlichen Mienen in ihre Gespräche vertieft waren. Wie das Paar rechts von ihm, das er nicht direkt ansehen mochte, um nicht aufdringlich zu wirken. (Er fühlte deutlich, dass *aufdringlich* nicht das richtige Wort war; er wollte aber jetzt nicht nach einem anderen Wort suchen; es kam, fühlte er, nicht auf das Wort an.)

Der Gedanke, den er nur streifte und nicht weiter bedachte, war: dass er hier allein saß und sich nicht mit seiner Frau oder seiner Freundin unterhielt. Manchmal ging er mit Gruppen von Studenten hierher, seltener mit Freunden. Aber eben nicht mit einer Frau. Er war aus grundsätzlichen Erwägungen gegen den Zölibat. Aber eben so wie er gegen das Verbot von Haschisch war, ohne jemals Haschisch geraucht zu haben. Er war jetzt 43 Jahre alt, und da hatte er sich natürlich längst an diesen – an diesen Zustand gewöhnt. Schließlich konnte er sich gar nicht vorstellen, wie man Zeit haben sollte, die wichtigen theologischen Werke zu lesen, wenn man eine Familie hatte. Wo er doch so schon kaum mehr recht dazu kam, in Ruhe zu lesen. Zwischen Seminaren, Konferenzen, Sprechstunden, Prüfungen. Und dass er diese Festschrift hätte fertigstellen können, wenn er eine Frau oder gar Kinder gehabt hätte, war ganz und gar unmöglich. Nur eben jetzt – eine kleine, sehr persönliche Feier so hier in der Ecke, allein, das ließ ihn auf die Paare hinsehen und diesen Gedanken, wenn auch nur sehr kurz und am Rande, in sein Bewusstsein dringen.

Die Kellnerin kam und brachte den Weißwein, und

Bernhard Selig konzentrierte sich mit halb geschlossenen Augen und nahm feierlich, indem er innerlich sozusagen mit sich selbst anstieß, den ersten Schluck.

Der Mann und die Frau am anderen Ende des Tisches sprachen die ganze Zeit über französisch miteinander. Obwohl sie recht laut redeten, konnte Selig nicht verstehen, was sie sagten. Dazu reichten seine dreisemestrigen Institut-français-Kenntnisse bei weitem nicht aus. Allerdings musste zumindest die Frau auch Deutsch sprechen, denn vorhin, als sie ihm gesagt hatte, er könne sich gerne an den Tisch setzen, hatte sie sofort geantwortet, und es war kein französischer Akzent in ihrer Stimme gewesen. Auf der anderen Seite sprach sie jetzt in einer Weise französisch, dass er keinen deutschen Akzent hören konnte. Selig sagte sich, dass er Menschen mit solchen Sprachkenntnissen doch beneidete. Wie er im letzten Jahr auf dem kleinen Exegeten-Kongress in Aix-en-Provence mit mühsamstem Radebrechen, zwischen Englisch und Französisch, die Diskussion bestanden hatte, war ihm immer noch peinlich.

Gerade in diesem Augenblick wechselte die Frau, wohl weil sie von einer Situation erzählen wollte, in der Deutsch gesprochen worden war, ins Deutsche: »Und dann hat der Hans-Georg zu Friederike gesagt: ›Deine neue Frisur gefällt mir besser. So, ohne Scheitel, das sieht besser aus.‹ Und Friederike, du kennst sie ja, sagt ohne eine Miene zu verziehen: ›Deine Haare ohne Scheitel gefallen mir auch besser!‹. Wir haben gebrüllt vor Lachen!« Beide lachten und wechselten wieder ins Französische.

Der Salat kam, und Bernhard Selig begann zu essen. Die Frau sah mit einer leichten, ein wenig überraschenden Bewegung zu ihm her und sagte: »Guten Appetit!«

Selig wurde aus seinen Gedanken gerissen. Er sah erstaunt auf und sagte: »Danke!« Es blieb ihm gerade noch genug Zeit, um das Lächeln im Gesicht der Frau zu sehen und einen Blick aus ihren beinahe schwarzen Augen aufzufangen. Halb widerwillig registrierte Bernhard Selig mit diesem kurzen Blick, dass die Frau sehr schön war.

II

Selig beugte sich nieder zu der schmalen schwarzen Ledertasche, die er an den Stuhl gelehnt hatte, und nahm das Buch heraus. Zu seiner Überraschung war es nicht der Roman von David Lodge, sondern ein Roman von Paul Auster, ›Die Musik des Zufalls‹. Er sah noch einmal in der Tasche nach. In der Tasche befanden sich nur noch drei Hauptseminar-Arbeiten, die er zum Korrigieren mit nach Hause nehmen wollte, sein Terminkalender und das Diktiergerät. Er verstand nicht, wie er das Buch von Lodge mit diesem – viel schmaleren und vollkommen anders aussehenden – Buch von Auster hatte verwechseln können. Den Roman von Auster hatte er Anfang der Woche zusammen mit zwei anderen Büchern dieses Autors bei der Buchhandlung Gastl aus dem Regal gezogen, nachdem er im ›Spiegel‹ einen Artikel über Auster gelesen hatte. Das dunkel Komödienhafte, zu dem in diesem Artikel das Werk von Auster zusammengefasst wurde, hatte ihn fasziniert. Aber er hatte die drei Bücher zu Hause in sein Regal mit den Neuanschaffungen gestellt. Er wollte diese Bücher erst lesen, wenn er mit dem Roman von Lodge fertig war. So gehörte es sich für einen, der, was das Lesen (und das Leben) anging, ein äußerst disziplinierter Mensch war! Er las immer nur einen Roman neben den theologischen Fachbüchern, die zu seinem Pflichtpensum gehörten, und diesen Roman, den er las, nahm er am Morgen, wenn er zur Universität fuhr, von seinem Nachttisch und packte ihn in seine Tasche. Manchmal fand er während des Tages Zeit, ein paar Seiten aus dem Roman zu lesen. Dieses Bucheinpacken war ein seit vielen Jahren eingespieltes Ritual, und Selig konnte sich nicht erinnern, dass er auch nur einmal ein falsches Buch in die Tasche getan hatte. Er musste heute morgen sehr müde und sehr nervös gewesen sein, dass ihm das passiert war. Aber wie auch immer – dass er überhaupt ein Buch in der Tasche hatte, war schön.

Selig rückte die Kerze ein wenig näher, nahm das Buch in die Linke, wobei er es mit dem Daumen und dem kleinen Finger aufspreizte, in die rechte Hand nahm er die Gabel und begann so, lesend, den Salat zu essen.

Erst nachdem er drei Seiten gelesen hatte, bemerkte Selig, dass der Mann und die Frau, die mit ihm am Tisch saßen, aufgehört hatten zu reden. Er sah ohne nachzudenken auf, blickte zu den beiden hin und zuckte zusammen. Beide sahen zu ihm her. Sie sahen ihn direkt an.

»Entschuldigung!«, sagte die Frau. »Es ist nur – wir haben uns gerade darüber unterhalten. Lesen Sie Paul Austers ›Musik des Zufalls‹?«

»Ja«, sagte Selig verblüfft. Er wandte das Buch und sah auf die Umschlagseite, so als ob er sich versichern müsste, ob er tatsächlich das Buch von Auster las.

»Wir haben über dieses Buch gesprochen, dann haben Sie es aus der Tasche gezogen. Ich lese es nämlich auch gerade.«

»Das ist ja nun wirklich ein – ein großer Zufall.« Bernhard Selig musste lachen.

Die Frau lachte ebenfalls. »Das kann man wohl sagen!«

»Vor allem, weil ich es versehentlich eingepackt habe. Ich lese eigentlich im Moment einen ganz anderen Roman und habe vorhin festgestellt, dass ich den nicht dabei habe, sondern dieses Buch von Auster. Das ich erst nächste Woche oder irgendwann später lesen wollte.«

»Dann ist das alles ja noch einmal verblüffender. Glauben Sie da noch an Zufälle?«

»Ich weiß nicht«, sagte Bernhard Selig. »Eigentlich darf ich nicht an Zufälle glauben ...«

»Sondern? An Schicksal?«

»Nein, auch nicht. Früher, wenn das Wort uns nicht so vermiest worden wäre, hätte man wahrscheinlich gesagt: an die Vorsehung. An die göttliche, um genau zu sein.«

»Meinen Sie das im Ernst?«, fragte die Frau.

»Ja, durchaus« sagte Selig. »Ich bin Theologe!«

»Wirklich?«

»Ja, wirklich.«

»Sie sehen – blöd vielleicht, wenn ich das so sage – aber, Sie sehen nicht wie ein Theologe aus.«

»Oh, danke! Man tut was man kann«, sagte Selig und lachte unmotiviert. Ihm war gerade wieder zu Bewusstsein gekommen, dass er das Typoskript der Festschrift heute beim Verlag abgegeben hatte und jetzt hier saß und mit einer Frau sprach. Und das nur, weil alles genau so zusammengekommen war. Das Abgeben der Druckvorlage, sein plötzlicher Einfall, nicht selbst zu kochen, sondern hierher zu gehen. Schließlich noch, dass er statt des einen Buchs ein anderes eingepackt hatte. Diese Summe der kleinen Zufälle trieb wie eine sich beständig in sich drehende und wirbelnde Staubwolke durch sein Bewusstsein und darum musste er lachen.

»Im Ernst? So richtig, an der Universität?«

»Ja, so richtig an der Universität. Sozusagen – katholischer Theologe mit allem drum und dran.«

III

Damit war Bernhard Selig ins Gespräch gezogen. Sie unterhielten sich noch kurze Zeit über die zwei freien Plätze hinweg. Dann sagte die Frau, dass es doch einfacher sei, wenn sie weiterrückten, und der Mann, der die ganze Zeit über geschwiegen hatte, und die Frau setzten sich auf die freien Plätze und stellten ihre Weingläser vor sich hin. Die Frau sprach, wie Selig fand, sehr direkt. Allerdings ohne dass man das Gefühl bekam, dass sie zu laut, zu viel oder zu schnell redete. So direkt zu sprechen und dabei den Eindruck zu vermeiden, dass man zu viel redete, war ein Kunststück, ging es Selig durch den Kopf. Die Frau stellte sich und ihren Begleiter vor. Er hieß Paul François Merimé und war Lektor bei den Romanisten. Sie selbst hieß – sie zelebrierte ihre Namen mit ironischem Unterton – Manuela Johanna Monteverdi, und sie war Hochschulassistentin bei den Italianisten. Ihr Vater sei Italiener, setzte sie erklärend hinzu, und als Selig – etwas ungeschickt, wie er gleich darauf fand – sagte, dass das ja klangvolle Namen seien, meinte sie, sie sei froh, dass ihre Vornamen schon in der Schule immer abgekürzt worden seien. Sie heiße für alle nur Manjo. Das reiche auch aus. Und Manjo Monteverdi, mit sicherem Gefühl für das, was noch nachzutragen war, um die Situation rund und verständlich zu machen, sagte, sie setze sich einmal in der Woche mit Paul François hierher und rede den ganzen Abend über französisch mit ihm, damit ihr Französisch nicht einroste.

Irritiert bemerkte Bernhard Selig, dass er der Frau unterstellte, sie habe das – den Grund, weshalb sie mit dem Lektor hier saß – gesagt, um ihm indirekt und doch klar zu verstehen zu geben, dass Paul François Merimé nicht ihr Freund, ihr Verlobter oder ihr Mann war. Und er lächelte wieder unmotiviert, weil er dann, während er Paul François Merimé zuhörte, dachte, dass die Sache mit dem Zölibat und all den Versuchungen der Welt also doch noch nicht vollständig aus seinem Bewusstsein geschwunden war, wenn er so leicht auf solche Gedanken kam.

Sie sprachen inzwischen über Paul Austers Werk, und Paul François Merimé, der offenbar seinen französischen Akzent kultiviert hatte und diesen Akzent durch ausgesucht komplizierte deutsche Wörter und grammatisch perfekt konstruierte Sätze kompensierte, sagte: »Ah ja, Pool Ostär, er ist-eh – zweifelsohne ein bedeutender Autór! Ein wenisch zu melodramatisch für meinen Geschmack, ja. Aber doch auch – ja, süschtischmachend, würde isch fast sagen. Ja, süschtischmachend. Nein, nein, zweifelsohne sehr bedeutend. Ja. Wir dürfen nischt vergessen, dass er gleischzeitig ungeeuer, ja – ungeeuer unteraltend schreibt und trotzdem, auf einer zweiten Ebene sozusägen, voller metaphysischer Geeimnisse steckt. Metaphysische Geeimnisse – ja, isch glaube, so darf man sagen. Jajaja.‹

Bernhard Selig gestand ein, dass er, bis auf die Seiten die er jetzt gerade gelesen hatte, von Auster rein gar nichts kannte, und Paul François Merimé und Manjo Monteverdi, die beide, wie sie sagten, Fans von Paul Auster waren, schwärmten in den höchsten Tönen von den Doppelbödigkeiten (ein Wort, das Paul François Merimé einwarf) in Austers Romanen.

Hierauf erzählte Bernhard Selig, dass er gerade eine lange Lektürephase abschließe. Wenn er die ›Neuesten Paradies-Nachrichten‹ von David Lodge demnächst zu Ende gelesen habe, dann habe er alles von Lodge gelesen. Soweit es in deutschen Übersetzungen greifbar sei. Die ›Paradies-Nachrichten‹ – er skizzierte leichthin und vom zweiten Viertel Weißwein ein wenig beflügelt, die Handlung – ja, die ›Paradies-Nachrichten‹ lägen ihm natürlich besonders am Herzen, weil dort das Schicksal eines katholischen Priesters mit allen Höhen und Tiefen, vor allem den Tiefen, nachgezeichnet sei.

Manjo Monteverdi unterbrach ihn an dieser Stelle und wollte wissen, ob er denn tatsächlich auch Priester sei, und er klärte rasch auf: dass nur ein bestimmter Prozentsatz von Nicht-Priestern, Theologen und Theologinnen, an einer Katholischen Fakultät angestellt werden könnten. Das sei zwischen Staat und Kirche so geregelt. Und ironisch lachend fügte er hinzu: Die katholischen Fakultäten würden so niemals Uta-Ranke-Heinemann-Gedächtnis-Clubs. Und die konkordatsgeregelten Dinge bei den katholischen Theologen brächten ja bekanntlich ohnehin so ihre Schwierigkeiten mit sich. Bei den Professoren käme es immer einmal wieder zu Verwicklungen, weil diese, nach staatlichem Recht als Beamte unkündbar, an eine andere Fakultät geschoben werden müssten, wenn sie gegen kirchliches Recht verstießen. Auf den Gedanken kämen, sich laisieren zu lassen, oder wenn die Kirche glaube, dass sie wegen Irrlehren als Theologen nicht mehr länger tragbar seien. Bei ihm sei das etwas anderes. Als Hochschuldozent und damit als Beamter auf Zeit würde er von der Universität wahrscheinlich einfach auf die Straße gesetzt, wenn er sich irgendwelcher Häresien schuldig mache. Das wisse er allerdings nicht verlässlich, denn er habe nicht vor, diesen Weg zu gehen, und er habe sich darum auch nicht weiter informiert.

Bernhard Selig hielt für einen Moment inne und wunderte sich darüber, dass die Worte mit großer Leichtigkeit aus seinem Mund strömten, so, dass der Verdacht nahelag, er wolle etwas verbergen, indem er sich darüber hinwegsprach. Er wusste nicht, was das sein konnte. Erst als er sich diese Frage gestellt hatte – Warum redete er so schnell und ohne Pause? –, fiel ihm die Frage ein, die Manjo Monteverdi gestellt hatte, und er glaubte, verwirrt, unsicher, jetzt, mitten in der Nacht, irgendwo von ferne einen Hahn krähen zu hören.

So wurde Bernhard Selig offiziell, und er sagte langsam und streng und ein wenig überexplizit: »Aber um noch ihre Frage zu beantworten: Ja, ich bin katholischer Priester.« Weil ihm gleich aufging, dass dieser Satz wie die Antwort in einem Verhör klang, setzte er lächelnd hinzu: »Ich hoffe, Sie sind nicht schockiert?«

»Nein, überhaupt nicht«, sagte Manjo Monteverdi, und sie lächelte geheimnisvoll mit leicht geöffnetem Mund. Was Bernhard Selig gegen seinen Willen doch sehr verwirrte. »Im Gegenteil. Es macht mich neugierig.«

Dann erzählte Bernhard Selig noch eine Weile die schönsten Episoden aus den ›Paradies-Nachrichten‹ und aus einigen anderen Romanen Lodges, und er umging dabei geschickt, wie er selbst fand, die vielen schlüpfrig-obszönen Stellen der Bücher, indem er sie entweder oberflächlich paraphrasierte oder aber ganz wegließ.

IV

Es ging auf Zwölf zu. Die Schnecken waren längst gegessen, und Selig saß vor seinem dritten Viertele, als Paul François sich entschuldigte und erklärend sagte, er habe am anderen Morgen ja die Verabredung mit seiner Verlegerin, und da müsse er »in jeder Ihnsischt ausgeschlafen sein«. Sie sollten bitte Verständnis haben, wenn er sich darum jetzt verabschiede.

Selig fühlte sich mit einem Mal sehr unwohl. Er saß plötzlich allein hier mit einer Frau! (Tatsächlich sagte Selig in diesem Moment in seinem Inneren wörtlich: ›... mit einer viel zu schönen Frau!‹, Doch er fand diese Formulierung so unsinnig, dass er sie, kaum dass er sie formuliert hatte, aus seinem Bewusstsein und seinem Gedächtnis tilgte.) Dazu kam noch, dass, von außen besehen, der Verdacht nicht von der Hand zu weisen war, dass er es darauf angelegt hatte, das Gespräch so sehr in die Länge zu ziehen, um am Ende mit dieser Frau allein sitzenbleiben zu können.

Manjo Monteverdi nahm der in Seligs Augen schwierigen Situation jedoch alle Problematik, indem Sie ruhig aufstand, zu Paul François hintrat, ihm ohne zusätzlich Erklärung sagte, sie bleibe noch ein Weilchen, mit ihm herzlich und freundschaftlich Küsse auf die Wange tauschte und sich dann, während der Lektor ging, genauso ruhig, wie sie aufgestanden war, auch wieder hinsetzte.

Sie sprachen weiter über Drewermann, von dessen Veröffentlichungen Manjo Monteverdi immerhin drei Bücher kannte. ›Dein Name ist wie der Geschmack des Lebens‹, ›Psychoanalyse und Moraltheologie‹ und natürlich ›Kleriker‹. Selig hatte von Drewermann nur ›Psychoanalyse und Moraltheologie‹ und ›Ich steige hinab in die Barke der Sonne‹ gelesen, und nur das letztere bedeutete ihm etwas. Vor gut einer halben Stunde, als das Gespräch auf Drewermann gekommen war, hatte er ›einen bekannten Tübinger Theologen‹ angeführt. (Er hatte nicht gesagt, dass es sich dabei um Fischkirner handelte.) Dieser Tübinger Theologe sage gelegentlich im persönlichen Gespräch, seiner Ansicht nach müsse ein Mann, der immer nur Pullover trage, mit einem so geradezu wütenden Eifer immer neue Bücher aus sich herauspresse und sich dabei auch noch als Psychoanalytiker führen lasse – ein solcher Mann müsse selbst ein psychotheologisches Problem größeren Kalibers mit sich herumtragen.

Von dieser These war man, da zu Beginn der Unterhaltung über Drewermann, zu einer sehr viel allgemeineren weitergegangen. Manjo Monteverdi hatte nämlich mit einem dunklen Lachen in den Raum gestellt, Geisteswissenschaftler, zu denen sie die Theologen der Einfachheit halber zählen wolle, hätten samt und sonders ein psychisches Problem größeren Kalibers, ob sie nun Pullover trügen oder nicht. Darüber wurde dann eine Zeitlang debattiert. Paul François Merimé hatte heftig gegen diese Auffassung protestiert. So sehr, dass er an einer Stelle Bernhard Selig um Entschuldigung für den Sprachwechsel bat und seine Auffassung auf französisch hervorstieß. Anschließend, nun deutlich ruhiger, übersetzte er für Selig das, was er gesagt hatte, ins Deutsche.

Manjo Monteverdi ließ nicht von ihrer Behauptung und meinte, man könne das, was einen geisteswissenschaftlich umtreibe, natürlich ›neutralisieren‹; wenn einer aus den Schwerpunkten seiner Forschungen keine Rückschlüsse auf seine psychischen Probleme ziehe, könne ihn so leicht keiner dazu zwingen, und diese Art der Verdrängung nenne sie ›Neutralisierung‹; aber damit begebe sich der Betreffende einiger fundamentaler Möglichkeiten, hinter die Kulissen seines eigenen Lebens zu blicken.

Als Paul François mit der Bemerkung gekontert hatte, das sei doch viel zu allgemein, um als wirkliches Argument gelten zu können, hatte Manjo Monteverdi leichthin eingestreut: Wieso allgemein? Ihr wirkliches, ihr tiefstes Problem sei – sie könne es ja konkret benennen – für sie völlig klar. Ihr Problem sei die gedanklich-inzestuöse Beziehung zu ihrem Vater. Darum habe sie sich während ihres Studiums mit de Sade und mit ›Bonjour tristesse‹ beschäftigt. Schließlich habe sie dann mit ihrer Dissertation dem Motiv des Inzests in der gesamten neueren italienischen Literatur nachgespürt. In aller literaturwissenschaftlichen Coolness selbstverständlich.

V

Nun also saß Bernhard Selig allein da mit dieser schönen, dunkelhaarigen Frau. Sie war, nachdem sie sich von Paul François Merimé verabschiedet hatte, auf der anderen Seite des Tisches geblieben, und hatte sich Bernhard Selig gegenübergesetzt. Der kam jetzt nicht umhin, sie so zu betrachten, dass dieses Betrachten einem inneren Beschreiben gleichkam: Manjo Monteverdi war groß. Fast einsachtzig wahrscheinlich, und damit beinahe ebenso groß wie er selbst, sagte sich Selig. Sie trug eine leicht getönte Brille, die ihrem Gesicht, solange sie nicht lachte, einen sachlich-kühlen Ausdruck gab. Wenn sie lachte, wurden ihre Augen hinter den Brillengläsern chinesisch schmal und sie zog auf eine schwer zu beschreibende Weise ihre Oberlippe hoch, sodass die Zähne und ein Teil des Zahnfleischs sichtbar wurden. Sie trug einen ziemlich kurzen schwarzen Rock. Vorhin, als sie aufgestanden und neben den Tisch getreten war, um Paul François zu verabschieden, hatte es sich gezeigt, dass sie lange, wohlgeformte, braungebrannte Beine hatte. Fest waren diese Beine. Das Wort hatte er einfach nicht wegschieben können, als er für diese kurze Zeit ihre Beine vor sich gesehen hatte.

Auf einmal fiel Bernhard Selig ein, an wen ihn Manjo Monteverdi erinnerte, auch wenn sie genau genommen von ihren Gesichtszügen her keine Ähnlichkeit mit dieser Frau hatte: Er musste an die Schauspielerin denken, die in dem Film ›Allein gegen die Mafia‹ die Contessa Soundso gespielt hatte.

Sie sprachen noch eine Weile über die Arbeit der Theologen. Manjo Monteverdi war wissbegierig und fragte Bernhard Selig regelrecht aus. Das mache sie immer so, wenn sie auf jemanden treffe, von dessen Fach sie wenig Ahnung habe, erklärte sie zwischendurch. Das sei der einfachste Weg, um sich weiterzubilden. Während sie Bernhard Selig ausfragte, saß sie weit zurückgelehnt und schaukelte auf den Hinterbeinen ihres Stuhls hin und her. Sie hielt beide Hände in ihren dichten schwarzen Haaren und schob die Haare über ihrem Hinterkopf zu einer lockeren Hochfrisur zusammen, um sie anschließend wieder fallenzulassen.

»Ich denke, wir sollten so langsam gehen«, sagte Manjo Monteverdi kurz vor 1 Uhr.

»Ja, ich glaube, wir müssen gehen«, lachte Selig. Die Leute scheinen Schluss machen zu wollen. Wir sind die letzten.«

»Macht nichts! Macht nichts!«

Wie es schien, war die schöne Italienerin ein wenig betrunken. Und als sie auf die Straße traten, sagte Manjo Monteverdi leise lachend: »Bringen Sie mich nach Hause? Ich glaube, ich habe genau ein Glas zu viel getrunken.« Dann setzte sie noch hinzu: »Keine Angst, ich wohne gleich um die Ecke. Wir müssen nicht weit gehen.«

»Für einen Priester ist das natürlich ein heikles Angebot«, sagte Bernhard Selig und versuchte seine Stimme ironisch-heiter klingen zu lassen. Es gelang ihm, wie er selbst sofort wusste, nicht so recht. Er überlegte: Wenn ihm auf diesem kurzen Weg zu Manjo Monteverdis Wohnung ein Kollege oder einer seiner Studenten entgegenkam, war das für ihn eine kompromittierende Situation.

Es mochte für die ganze Laienwelt lächerlich klingen, aber es war so.

Zu seinem Erstaunen, das leicht verzögert eintrat, bemerkte Selig, dass Manjo Monteverdi sich bei ihm untergehakt hatte und ihn in Richtung Stiftskirche weiterzog.

»Ich wohne in der Hirschgasse«, sagte sie, ohne auf seine Bemerkung einzugehen. »Wir sind gleich da.«

VI

»Kommen Sie noch mit auf einen Kaffee«, sagte Manjo Monteverdi, als sie vor der Haustür standen. Sie formulierte keine Frage und keine Aufforderung. Der Satz war einfach eine seltsam konstruierte Feststellung. Um diese Zeit Kaffee – das war immerhin ein wenig ungewöhnlich, fand Selig. Aber da hatte die Romanistin schon die Tür aufgeschlossen, und er ging hinter ihr die Treppe hinauf. Er konnte nicht anders, er musste, während sie die recht steile Treppe hinaufstiegen, Manjo Monteverdis feste, braungebrannte Beine ansehen.

Die Wohnung war auf den ersten Blick ein wenig unordentlich. In einem Sessel der Sitzecke lag ein Bündel Kleider, und neben dem Schreibtisch vor dem Fenster lag eine kleine Bibliothek verstreut herum. Zwei Wände waren bis zur Decke mit Bücherregalen vollgestellt.

Manjo Monteverdi nahm mit einer einzigen Bewegung das Kleiderbündel aus dem Sessel. »Setzen Sie sich«, sagte sie. »Ich mache den Kaffee. Oder möchten Sie lieber noch ein Glas Wein?«

»Tja, eigentlich doch lieber ein Glas Wein«, sagte Selig und fühlte seine Verwirrung. »Ich muss mir ohnehin ein Taxi nehmen.«

»Oder vielleicht sogar – meinen speziellen, von mir erfundenen Lieblingscocktail? Einverstanden?«

»Das klingt sehr geheimnisvoll«, lachte Selig und er fühlte, dass ihm ein wenig schwindelig war. »Ja, natürlich. Das ist wahrscheinlich jetzt das Richtige.«

»Einen Augenblick«, sagte Manjo.

Sie stieg mit dem Kleiderbündel in der Hand eine Wendeltreppe hinauf, die Bernhard Selig erst jetzt bewusst wahrnahm, und blieb für einige Zeit verschwunden.

Selig sah sich um. Dann griff er nach einem der Bücher, die vor ihm auf dem Couchtisch lagen. Es zeigte ein schönes, ruhiges Kindergesicht, das in der Mitte, entlang einer glatten Linie zwischen den Augen hindurch, auseinandergeschnitten war, und in der Lücke war, unklar, nur wie eine Andeutung, ein anderes Gesicht zu sehen. So, dass aus der Stirn des Kindergesichts ein Auge dieses anderen Gesicht hervorsah, während der Mund dieses zweiten Gesichts, soweit man aus der schmalen Lücke schließen konnte, böse lächelte. ›Siebzehn Sätze‹ und ›Das Gedächtnis‹, stand auf dem Buch. ›Zwei Erzählungen‹. Von dem Autor, Werner Zillig, hatte Selig noch nie gehört.

Etwas an dem ersten Titel des schmalen Buches fiel Selig auf, und er wusste nicht warum. Er fragte sich, ob er diesen Titel irgendwo vielleicht doch schon einmal gelesen hatte. Dann aber war ihm mit einem Mal klar, dass es einen anderen Zusammenhang gab: Es war nicht einfach die 17, die für ihn ohnehin eine besondere Bedeutung hatte. Die 17 war seine geheime Zahl, seit er damals, am Ende dieses Studienaufenthaltes in Innsbruck, ein Bibelstechen gemacht hatte, um herauszufinden, ob er nach Tübingen zurückkehren und sich weihen lassen sollte. Diese Art des Orakelns war von der Kirche verboten worden, aber er sah keine andere Möglichkeit. Er brauchte in der schlimmen Ungewissheit einen festen Rat. Er hatte also mit abgewandtem Blick seine Bibel aufgeschlagen, und die Nadel, die er mit geschlossenen Augen führte, war genau auf den Beginn des siebzehnten Psalms gestoßen. »Herr, höre die gerechte Sache, / merk auf mein Schreien, / vernimm mein Gebet / von Lippen, die nicht trügen.« Und er hatte den gesamten Psalm gelesen. »Im Treiben der Menschen bewahre mich / vor gewaltsamen Wegen / durch das Wort deiner Lippen. / Erhalte meinen Gang auf deinen Wegen, / dass meine Tritte nicht gleiten.« Und obwohl nirgendwo eine einfache Antwort auf seine Frage stand, war er am Ende doch sicher gewesen, dass er nach Tübingen zurückkehren und sich weihen lassen musste.

Weil also die 17 so wichtig war, war ihm in diesem ›Spiegel‹-Artikel über Paul Auster sofort aufgefallen, dass da zweimal die 17 gestanden hatte. Weil das hebräische Alphabet mit 17 Buchstaben auskommt, wie es da hieß, und die Schöpfung als eine Permutation dieser Buchstaben anzusehen sei und also die Literatur war, bevor die Wirklichkeit war. Dann war später in dem Artikel noch die Rede davon, dass Auster seine drei ersten Romane 17 Verlagen angeboten hatte, und alle hatten die Romane abgelehnt. Erst ein kleiner Verlag habe die New-York-Trilogie Austers schließlich herausgebracht.

Und jetzt also – wieder eine 17!

Bernhard Selig legte das schmale Buch schnell zurück auf den Tisch und griff nach einem anderen. Es war ihm, als ob er kein Recht habe, dieses Buch mit der 17 die Hand zu nehmen. Das andere Buch, das er jetzt anschaute, war von dem gleichen Autor wie die ›Siebzehn Sätze‹. Auf dem Umschlag war ein Foto, das ein Männergesicht zeigte, als Negativ abgedruckt, und darunter ein merkwürdiger Titel: ›Das Negerportrait‹. Als Selig das Buch in die Hand nahm, bemerkte er, dass es sich nicht um ein fertiges Buch handelte. Offenbar hatte es jemand binden lassen und mit diesem Einband versehen. Aber es war kein Verlag zu sehen. Ein ungedrucktes Leseexemplar wahrscheinlich. Er sah sich den Umschlag genauer an. Das Männergesicht als Fotonegativ machte klar, dass mit dem Titel nicht wirkliche Neger gemeint waren, aber Selig musste jetzt an das Foto denken, das Fischkirner inmitten der Schwarzen mit den Lendenschurzen und den Speeren zeigte, und er lachte prustend los.

In diesem Augenblick kam Manjo Monteverdi die Treppe herunter. Sie hielt zwei Gläser in der Hand und hatte sich umgezogen. Sie trug jetzt einen bodenlangen grauen Kaftan, der, wie jeder Schritt auf der Treppe zeigte, an den Seiten hoch geschlitzt war. Sie sagte: »Entschuldigung, wenn es etwas gedauert hat.« Als sie das Buch sah, das er in der Hand hielt, fragte sie, offenbar irritiert durch sein Lachen: »Haben Sie mal hineingesehen?«

»Nein«, sagte Selig und stand auf. »Es ist nur der Titel.« Und er erzählte die Geschichte von dem Foto, das Fischkirner inmitten dieser schwarzen Lendenschurz-Männer zeigte.

Sie lachten jetzt beide und stießen an. Der Cocktail schmeckte auf ungewöhnliche Weise süßlich-schwer. »Ein ziemlich verblüffender Geschmack«, sagte Selig. »Was ist das?«

»Das ist mein Spezialcocktail«, sagte Manjo Monteverdi. Ich habe ihn ›Giornata Blue‹ getauft.« Das Rezept ist sehr einfach. Es ist Blue Curaçao mit Pfefferminzlikör. Gespritzt mit Champagner. Und das da oben drauf sind fein gehackte Pfefferminzblätter.«

VII

Manjo Monteverdi trank einen kleinen Schluck, sah Bernhard Selig an, lächelte und trank hierauf ihr Glas mit einem einzigen Zug leer. Dann beugte sie sich vor. Ihre schwarzen Haare fielen nach vorne. Bernhard Selig konnte ein Parfüm riechen, das er in dem Lokal und auf dem Weg hierher noch nicht gerochen hatte. Er versuchte die Augen zu schließen und dann aufzustehen, und er musste doch diese tiefbraune Haut sehen, die den Hals umschloss und dann hell und noch einmal heller wurde und, tief, tiefer, immer tiefer, in ein helles, wohlriechendes, weiches Tal mündete.

»Nein!«, sagte Bernhard Selig schnell und lachte hilflos, verlegen und verloren. Dann stand er auf und stand, das Glas in der Hand, mit drei Schritten mitten im Zimmer. »Nein, das geht nicht.«

»Was geht nicht?«

»Ich weiß, ich hätte nicht in Ihre Wohnung kommen

dürfen.« Bernhard Seligs Stimme klang jetzt entschlossener. »Ich bin alt genug. Ich werde nicht mehr von meinen Trieben dahingerafft.«

Manjo Monteverdi fragte nach: »Gab es denn Zeiten, in denen Sie von Ihren Trieben dahingerafft wurden?«

»Nein. Eigentlich nicht. Wie sollte man als Priester zölibatär leben können, wenn es einem nicht von Jugend an, Schritt für Schritt gelänge« – Bernhard Selig hörte wie von fern die Entschlossenheit und Sicherheit in seiner Stimme – »die sexuellen Versuchungen zu bestehen.«

»Also gab es diese Versuchungen in Ihrem Leben?«

»Ja – aber. Doch – ja.«

»Und heute also erneut.«

»Ich glaube nicht. Nicht wirklich. Weil ich innerhalb der nächsten fünf Minuten gehen werde. Ich werde von einer Telefonzelle aus ein Taxi rufen, wenn in der Wilhelmstraße keines sein sollte.«

»Und Sie glauben, dass ich Sie einfach so gehen lasse?«

»Ja, allerdings. Es wird Ihnen nichts anderes übrigbleiben. Ich bin wahrscheinlich doch stärker als Sie.«

»Meinen Sie?«

»Ja.«

»Warum, glauben Sie, habe ich Sie in meine Wohnung eingeladen.«

»Weil Sie mir einen Kaffee anbieten wollten.«

»So, das glauben Sie.«

»Sie haben es gesagt.«

»Frauen lügen manchmal.«

»Aha.«

»Ich habe Sie eingeladen, weil ich mit Ihnen schlafen wollte, und ich will es immer noch.«

Es trat eine kurze Pause ein, denn Bernhard Selig fühlte sich herumgedreht und herumgewirbelt von den Worten der Frau, die vor ihm stand. Dann sprach Selig weiter, weil er auf jeden Fall und vollkommen instinktiv vermeiden wollte, dass die Gesprächspause zu lange anhielt. In diesem Schweigen lag, soviel spürte er sicher, eine große Gefahr. Er lachte wieder: »Ich habe irgendwann gelesen, dass inzwischen schon mehrere Prozesse geführt werden, in denen Vergewaltigerinnen, die Männern Gewalt angetan haben, vor Gericht stehen.«

»Hm. Ich werde Sie aber nicht vergewaltigen. Ich weiß es. Es ist nicht nötig. Nein, es wird einfach nicht notwendig sein, dass ich sie vergewaltige.«

»Ich bin sicher, dass Sie anders nicht zum Ziel kommen. Aber das ist nicht so wichtig. Wie schon gesagt: Ich bin stärker als Sie.«

»Wissen Sie, als Sie da im ›Stern‹ zur Tür hereingekommen sind – noch bevor ich Sie gesehen hatte, noch bevor Sie gefragt haben, ob Sie sich setzen dürfen, habe ich schon gewusst, dass ich heute Nacht mit Ihnen schlafen werde. Und um das noch klarzustellen – ich nehme nie Männer, die ich nicht kenne, nachts mit in meine Wohnung.

»Sagen wir: fast nie. Mich haben Sie mitgenommen. Und ich glaube nicht, dass ich der erste bin.«

»Das war nicht gerade charmant.«

»Ich spreche in Notwehr. Ich fühle mich nicht verpflichtet, charmant zu sein.«

»Warum reden wir eigentlich so viel.«

Manjo Monteverdi machte einen Schritt auf Bernhard Selig zu, und der dunkelgraue Kaftan war wie ein Segel.

Von irgendwo her wehte, hatte Selig das Gefühl, ein Wind, der diese Frau auf ihn zutrieb. Auf einmal spürte er, dass etwas mit ihm nicht stimmte, und er überlegte, ob Manjo Monteverdi irgendein Mittel in diesen Cocktail getan hatte. Ein Mittel, das ihn – jetzt gleich – willenlos auf den Teppich niedersinken ließ. Als er soweit war, dass er sich sagte, er werde jetzt, jetzt, jetzt auf der Stelle, diese Wohnung verlassen, stand Manjo Monteverdi vor ihm, legte ihre Arme um seinen Hals, und er spürte ihre Lippen und – lachte.

»Warum lachst du jetzt.«

»Ich habe gerade daran denken müssen, wie leicht und selbstverständlich David Lodge immer solche Situationen beschreibt. Er verwendet die obszönsten Wörter. Ich glaube, es gibt kein obszönes Wort, das er nicht benutzt. Trotzdem klingt alles vollkommen selbstverständlich und unschuldig.«

»Welche Wörter zum Beispiel?«

»Ich werde sie jetzt nicht aufzählen.«

»Nur ein paar. Bitte! Ich bin neugierig.«

»Nein.«

»Schade. Aber vielleicht sagst du sie mir ja noch. Ich bin sicher, du wirst sie mir noch sagen. Später.«

VIII

Bevor Bernhard Selig erwacht, durchziehen eine Zeitlang verworrene Gedanken und Erinnerungsfetzen sein Bewusstsein. Er hört verschwommene italienische Worte, an die er er sich einen Augenblick später nicht mehr erinnern kann. *Di colpo la fanciulla mi apparve così come la vergine nera ma bella di cui dice il Cantico.*[1] ›Das war mehr als ein Traum‹, denkt Selig, als sein schlaftrunkenes Bewusstsein zu arbeiten beginnt. ›Das war eine Vision. Ja, so müssen die Mystiker die Bilder gesehen haben. Nein, besser – so, mit solchen Bildern, sind die Kirchenväter vom Teufel in Versuchung geführt worden. Mit solchen wirklichen Eindrücken. So uneingeschränkt wirklich.‹ Er muss bei dem, was er jetzt wie ein Gedankenecho sieht, natürlich an Innsbruck denken. An die Lektüre von Niko Katzanzakis' ›Die letzte Versuchung‹, damals, in Innsbruck. So ähnlich wird es auch bei Katzanzakis gewesen sein. Der muss am Morgen nach solch einem Traum auf diese wunderbare, verrückte, blasphemische Idee gekommen sein. Überanstrengt von dem, was er in den vergangenen Tagen und Wochen vor dem Bildschirm erlebt hat, hat er, Bernhard Selig, genauso überspannt-wundersam geträumt. Er erinnert sich, wie ihn dieses Buch von Katzanzakis damals aufgewühlt hat mit den Szenen, in denen Jesus, am Kreuz delirierend, ein Familienleben durchlebt hat. Eine grandiose Vision. Weswegen einige Fundamentalisten auch die Fenster von Kinos eingeschlagen haben, als vor ein paar Jahren die Verfilmung anlief. Wie Jesus da von seiner Familie träumt, von Maria Magdalena und von seinen Kindern. Allerdings – dass ein Mensch heutzutage eine solche Verführungsszene in seinen Träumen sieht, wird den meisten Menschen sehr unwahrscheinlich vorkommen. ›Aber ich habe diese Verführung genauso

1 »Auf einmal erschien mir die Jungfrau als die schwarze, aber schöne Jungfrau, von der das Hohelied spricht.«

real vor mir gesehen, wie Katzanzakis‹, denkt Selig jetzt zwischen allen Erinnerungsbildern.

Er küsse mich mit dem Kuss seines Mundes, denn seine Liebe ist lieblicher als der Wein. Es riechen deine Salben köstlich; dein Name ist eine ausgeschüttete Salbe, darum lieben dich die Mädchen. Zieh mich her hinter dir!

Er denkt nicht daran, die Augen zu öffnen. In seinen Gedanken ist er auf einmal an der Gregoriana. Das war damals, als er dieses Stipendium hatte. Als er zur Vorbereitung einen Sprachkurs in Florenz besuchte. Wie hieß die Schule? *Dante Alighieri*, ja – am Fluss gelegen. Er saß verlegen zwischen all den jungen Leuten aus Frankreich, die für das Abitur ihr Italienisch aufpolieren wollten. Dann waren da noch ein hübsches Mädchen aus Monaco – wie hieß sie nur? – und ein englischer Antiquar, der immerhin noch ein paar Jahre älter war als er. *Essa portava un abituccio liso di stoffa grezza che si apriva in modo abbastanza invereconto sul petto, e aveva al collo una collana fatta di pietruzze colorate e, credo, vilissime.*[1] Alle Träume setzen sich zusammen aus schwebenden, erlebten Teilen, denkt Selig. Oder aus Gelesenem, aus dem, was er irgendwann einmal im Kino gesehen hatte. Alles zusammenphantasiert, wie immer. Früher kam so etwas öfter vor. Verdammt lang her war das! Verdammt lang her!

Eine solche Szene, heute, im Jahr 1999! Ein Priester, Theologe an einer Hochschule, nicht mehr ganz jung, der einer schönen, dunklen Verführerin erliegt, die er an diesem Abend kennengelernt hat. Nach einer überstandenen

---

1 »Sie trug ein zerschlissenes Kleid aus grobem Stoff, das über der Brust recht ungehörig geöffnet war, und um den Hals trug sie eine Kette aus bunten und, wie ich glaube, hässlichen Steinen.«

Anstrengung. *Lass uns eilen! Der König führt mich in seine Gemächer.* Eine solche Anstrengung schwächt die Widerstandskräfte des Körpers und des Geistes, wie man sieht.

Dass einer weiterträumt: Jetzt ist es der Morgen danach. Er liegt in diesem fremden Bett. *Perché io fanciullo nominavo l'estasi di morte ... di morte e annullamento?*[1] Sie ist aufgestanden, um Frühstück zu machen. Gestern – also in der Zeit, bevor sie eingeschlafen sind, war er vielleicht recht betrunken. In diesem Cocktail war kein betäubendes Zaubermittel. Nur eben noch einmal ein anständiger Schuss Alkohol. Reicht das als Erklärung aus? Wohl kaum.

Jauchzen lasst uns, deiner uns freuen, deine Liebe höher rühmen als Wein. Dich liebt man zu recht.

Ein Traum, im dem er so standhaft dahergeredet hat. Sie haben dann sogar italienisch gesprochen. Bei dem er allerdings so seine Schwierigkeiten hatte. Die Jahre in Rom lagen immerhin schon einige Zeit zurück. Aber es hat ihm gut getan, italienisch zu reden. Ein paar Worte wenigstens. Und dann bei der nächsten Annäherung ganz und gar und ohne wenn und aber und endgültig schwach geworden ist. Damals in der Anfängergruppe in Florenz, bei der Vorbereitung auf Rom, war da noch ein kleine, vierzehnjährige Pariserin, die wie eine kleine Löwin, verschreckt, angriffslustig, unsicher, voller längst entdeckter Sinnlichkeit und darum abweisend herumging und manchmal von David Bowie schwärmte. Wie hieß sie nur? *Braun bin ich, doch schön, ihr Töchter Jerusalems, wie die Zelte von Kedar, wie Salomos Decken.*

---

1 »Warum habe ich als Kind die Todesekstase erwähnt ... von Tod und Vergänglichkeit?«

Die Gedanken sind, jetzt, vor dem Erwachen, noch nicht geordnet. Wahrscheinlich, zieht es durch Bernhard Seligs Kopf, hat die Kirchenleitung in ihrer Weisheit und in ihrem Wissen um die menschliche Natur diese auswärtigen Semester auch deshalb verordnet, damit die Theologiestudenten solche Szenen erleben. Damals in Innsbruck. Auf dass eine Kommilitonin auftauche und die Standfestigkeit des Kandidaten prüfe. Eine österreichische Diplomtheologin, oder wie immer sie diesen Abschluss in Österreich nennen, mit einer Hilfskraftstelle an der Universität. Eine rothaarige, kluge junge Frau. Nicht sonderlich schön. Aber doch eine Versuchung für einen katholischen Theologiestudenten. Da waren die nächtelangen Diskussionen mit den anderen in dieser rasch entstandenen Clique. Diskussionen, nach denen er immer wieder einmal mit Erika am Ende allein in seinem Zimmer war.

Darum hat er ja bei Lodge – nein, er hat nicht gleich gelacht. Sondern später erst. Zuerst einmal ist er erschrocken. Als er sich in diesem Theologen, der da Hawaii und seine sterbende Tante besuchte, so genau abgebildet fand. Noch dazu, dass dieser Mensch in dem Roman Bernard heißt wie er. Bernard Walsh. Und die Versuchung in der Vergangenheit kennengelernt hat. Ihr nicht erlegen ist. So wie er, Bernhard Selig, ihr damals in Innsbruck nicht erlegen ist. Mit ein wenig anderen Gründen, aber doch – das Ergebnis war das gleiche. Auch er ist der Versuchung, die in Gestalt der österreichischen Diplomtheologin namens Erika an ihn herantrat, nicht erlegen. Er hat, von sich und seinen Gründen überzeugt, Erika seine inneren Kämpfe geschildert. Nachdem sie sich wieder angezogen hatten.

Sie waren ohnehin nicht wirklich ausgezogen gewesen. Es war nicht mehr gewesen als ein hektisches Berühren und Streicheln und eine ziemlich offene Bluse und ein paar ungeschickte, zuckende Griffe unter den Rock, an den oberen Oberschenkeln. So ganz sicher ist er sich da heute nicht mehr. Die Erinnerungen sind, auf äußerst merkwürdige Weise, verblasst. Nein, nicht verblasst. Über seiner Erinnerung liegt etwas wie eine Klarsichtfolie, die über eine Schüssel mit heißer Speise gespannt ist und die von innen her beschlägt .

Schwuppdiwupp! Ein neuer Gedanke: Ich liege, sagt sich Selig, in meinem Zimmer, habe diesen Papierstapel der Festschrift-Druckvorlage endlich abgegeben und träume. Gleich werde ich aufstehen und wie immer frühstücken.

Jetzt liegt er, Bernhard Selig, da und überlegt, ob er damals der Versuchung nicht erlegen ist, weil Erika nicht schön war. Sie hatte eine ganz weiche, feine Haut. An die Haut erinnert er sich genau. Die Haut war im Grunde genommen nicht so sehr weich als vielmehr sehr, sehr glatt. Fast wie polierter Stein so glatt. Aber sie war dürr, diese Erika, und sie hatte eine zu lange, spitze Nase in einem sehr schmalen, modiglianihaften Gesicht. Er war an jenem Abend von ihren Brüsten, die kaum zu sehen waren, enttäuscht. Als er endlich die Bluse und den Büstenhalter aufgefummelt hatte.

›Mein Gott, woran man doch zwanzig Jahre später so denkt!‹, geht es Bernhard Selig durch den Kopf. Gleich anschließend, instinktiv, der Satz aus dem Schulkatechismus: ›Habe ich heilige Namen leichtsinnig ausgesprochen?‹ Ja, das weiß er heute noch, dass er sich gefragt hat, warum Erika überhaupt einen Büstenhalter trug.

Schaut mich nicht so an, weil ich gebräunt bin.

Bernhard Selig überlegt im Halbschlaf, warum er nicht längst aufgewacht und aufgestanden ist. Sonst, an anderen Tagen, ist ihm eine bestimmte klösterliche Konsequenz nicht fremd. Aufwachen und sofort aufstehen, das ist das Beste!

Wenn Erika so schön gewesen wäre wie *sie* es gewesen ist, sein Traumbild aus der vergangenen Nacht, er wäre wahrscheinlich nicht nach Tübingen zurückgekommen, um sich weihen zu lassen. Irgendwann im Leben muss man ehrlich zu sich selbst sein und sich eingestehen, dass man kein Held des Zölibats ist, sondern einfach in diesen Zustand hineingewachsen ist. Er hat im Laufe der Zeit von fünf Kollegen gehört, die ›von den Fahnen gegangen‹ waren, wie das der Regens damals im Seminar immer genannt hat. Die geheiratet haben. Und bei dreien hat er sich insgeheim gefragt, warum die Frauen, diese lebenden Gründe für die Laisierung, so unendlich unansehnlich waren. In den zwei anderen Fällen hat er die Frauen nicht kennengelernt. Irgendwie sah alles danach aus, als ob es für die drei Priester genug war, dass da überhaupt eine Frau war, egal wie die aussah. ›Wildes Entzücken aufgrund von Triebstau‹, hat das Professor Mergelsdorff, ein Zyniker reinsten Wassers, damals in seiner Vorlesung in Innsbruck in einer nebenbei hingeworfenen Bemerkung genannt.

Die Sonne hat mich verbrannt.

Er hat dieser Schönen in seinem Traum die Geschichte aus Innsbruck erzählt und auch, dass er erschrocken war, die parallele Schilderung bei Lodge zu lesen. Hinterher, als sie nebeneinander lagen. Einen Teil davon schon vorher. Als er begonnen hatte zu zittern. Wie im Schüttelfrost. Er hat in seinem Traum laut gelacht und zugegeben, dass es tatsächlich das erste Mal für ihn war. Mit dreiundvierzig Jahren das erste Mal. Man stelle sich vor. Ein Fall für das Guinness-Buch der Rekorde womöglich. So etwas gibt es. Diese schöne, dunkle Frau hat nicht gelacht, nichts gesagt. Sie war wohl gerührt, wie nur Frauen, die in Träumen existieren, gerührt sein können.

Meiner Mutter Söhne waren mir böse, ließen mich Weinberge hüten; den eigenen Weinberg konnte ich nicht hüten.

Kaum dass er es ausgesprochen hatte, war er inmitten seiner wirren Traumbilder frei gewesen, und alles war ganz einfach gewesen. So, dass diese dunkelgelockte Schönheit am Ende in ihrer ironischen Art so etwas wie ›erstaunlich schön‹ gemurmelt hat.

Mein Geliebter ist weiß und rot, ist ausgezeichnet vor Tausenden. Sein Haupt ist reines Gold.

›O verdammt‹, denkt Bernhard Selig, während sein Bewusstsein allmählich auf den Wachzustand zutreibt, ›was habe ich nur getrunken!? Mein Schädel brummt, und ich habe geträumt wie noch nie in meinem Leben. Das kann nicht nur der Weißwein von gestern Abend sein!‹

Seine Locken sind kraus, schwarz wie ein Rabe. Wie schön sind deine Schritte in den Sandalen, du Edelgeborene. Deiner Hüften Rund ist wie Geschmeide, gefertigt von Künstlerhand.

›Jetzt – Schluss und aufwachen!‹, denkt Bernhard Selig. *Con moto lieve la sola sua mano continuava a toccare il mio corpo, ora madido di sudore.*[1] Er ist vollkommen sicher, dass er sich

1 »Mit einer sanften Bewegung berührte seine eine Hand weiter meinen Körper, der nun von Schweiß bedeckt war.«

in dieser Sekunde von den Traumbildern der vergangenen Nacht verabschieden wird und gleich, wenn er die Augen aufschlägt, rechts neben seinem Bett das halbhohe Bücherregal sehen wird, in dem seine Bibel-Sammlung steht. Er ist ja jetzt wach.

»Guten Morgen«, sagt da eine Stimme, und Bernhard Selig zuckt heftig zusammen und öffnet die Augen.

»Entschuldige, ich wollte dich nicht erschrecken«, sagt eine schwarzhaarige, schöne Frau in einem dunkelgrauen Kaftan und lächelt. Sie hält ein kleines Tablett mit zwei großen Tassen Milchkaffee in den Händen. »Das Frühstück ist fertig.«

IX

Manjo Monteverdi hat an diesem Morgen Bernhard Selig hinaufgeführt zu ihrem großen Dachgarten. Die Sonne schien. Es war an diesem Morgen des 14. August sommerlich warm. Mitten drin zwischen Pflanzen in Blumenkübeln stand ein weißgedeckter Tisch mit duftenden Brötchen, Kaffee und einer Flasche Champagner. Bernhard Selig erzählte, dass er, bevor er die Augen aufgeschlagen hatte, sicher gewesen war, dass alles das, was er in der vergangenen Nacht erlebt hatte, eine Vision war, und er sah, während er erzählte, blinzelnd in die Sonne. Mit dem Frühstück stellte sich die Verlegenheit ein. Er wusste nicht, wie er gleich, wenn das Frühstück vorbei war, von seiner nächtlichen Vision Abschied nehmen sollte. Aber es war am Ende ganz leicht. Er sagte nur langsam, dass er jetzt gehen wolle, und Manjo Monteverdi sah ihn lange an und sagte, den Blick fest auf ihn gerichtet, dass sie das gut verstehen könne. Als sie hinzufügte, dass sie ihn anrufen werde, wusste Selig nicht, wie er reagieren sollte. Er war darum wiederum dankbar, als Manjo Monteverdi, als er sich an der Tür verabschiedete, sagte, er solle bitte seine Telefonnummer auf den Block neben dem Telefon schreiben. Bernhard Selig sah, in der Tür stehend, ein wenig starr vor sich hin, und er war dankbar, dass ihm auch diese Entscheidung abgenommen wurde: Manjo Monteverdi ging einen Schritt auf ihn zu, nahm ihn in die Arme und küsste ihn. Dann ging sie zurück zum Tisch und nahm aus dem Obstkorb eine Orange. Sie gab ihm die Orange.

»Hier«, sagte sie. Ein Lächeln aus schmalen Augen. »Denk an mich, wenn du die isst.«

Oder hatte sie das, dieses ›Denk an mich‹, gar nicht gesagt? Selig, während er zur Wanne hinauffuhr, war unsicher. Hatte er sich das nur so zusammengereimt? Die Orange jedenfalls war da. Sie lag neben ihm auf dem Beifahrersitz.

X

Eine Stunde später stand Selig am Fenster seines Wohnzimmers und sah hinaus. In der leicht vernebelten Ferne sah er die Spitzen der Hochhäuser in Waldhäuser Ost. Etwas war jetzt ganz anders. Ganz anders als bisher. Und alles war wie sonst auch. Er war allein. Er stand am Fenster. Und das, was anders war, begann mit dem Geschmack in seinem Mund. Er hatte sich die Orange geschält, die Manjo Monteverdi ihm zum Abschied in die Hand gedrückt hatte. Er hatte sich einen Whiskey eingeschenkt. Lagavulin, den er sonst nur an den Wochenenden in den Wintermonaten trank. Ein Rest war noch dagewesen. Er zwang sich, und es bereitete ihm Mühe: seine Gedanken, bevor sie als bloße Empfindungen in schimmriger Unklarheit davontreiben konnten, in innere Worten zu formulieren.

Die Zusammenfassung seiner Empfindungen bestand aus zwei Absätzen. Der eine Absatz enthielt lediglich den kleinen Satz: ›Es ist erstaunlich...!‹ Der andere enthielt die Frage: ›Was nun?‹

Die Zeit der Anfechtungen des Intellekts und des Fleisches war ja eigentlich vorüber gewesen. Gott war ein wunderbares Zeichen, das nicht zu durchdringen war und ohne das es kein Leben gab. Frauen waren nahe, doch fremde Wesen. Schritt für Schritt der Gier entsagen. Das Leben hatte sich nach Jahren des verdeckten Rüttelns und Schüttelns in einem mit den Priester-Regeln ausgesöhntem Zustand befunden. Natürlich hatte er gelegentlich mit dem Gedanken gespielt, die Hochschullaufbahn an den Nagel zu hängen. Immer wieder einmal war ihm das Leben an der Universität zu – wahrhaftig, ja: zu *unchristlich* vorgekommen. Anders als bei den weltlichen Kollegen an der Universität hätte das keine Probleme gemacht. Er hätte nicht in fortgeschrittenem Alter einen hochspezialisierten Beruf verloren. Wäre nicht in die Arbeitslosigkeit hinuntergefallen. Ein einfacher Brief hätte genügt. Es gab mehr als genug Pfarrstellen, die auf einen wie ihn warteten. Und ...

›Was nun?‹

Er bemühte sich um Distanz. Er konnte ja zu dieser jungen Frau, mit der er die Nacht verbracht hatte, hingehen und sagen: ›Wahrscheinlich hast du es ohnehin nicht anders erwartet. Bei einem wie mir ist es wie mit einem Ehemann, der eine Nacht lang seine Frau betrogen hat. Eine Versuchung. Gewiss. Aber deshalb die Frau, mit der man lange Jahre verbunden war, verlassen? Die Kinder ...‹

Er hatte keine Kinder. Aber das war sowieso nur ein Bild. Seine Aufgaben, seine theologischen Gedanken waren seine Kinder. Das, was er in sich trug, was er noch aufschreiben wollte. Und, wenn er tatsächlich eine Pfarrei übernahm, waren es in jenem schlichten Wort die Pfarrkinder, die auf ihn warteten.

Was also? Was wird diese schöne junge Frau sagen, wenn er ihr zu ihr kommt und das ausbreitet? Sie wird ihn verstehen. Womöglich hat sie es genau so gewollt. Er weiß nichts über sie. Vielleicht hat sie einen Freund. Es ist sogar möglich, dass sie verheiratet ist. Eine Wochenend-Beziehung mit einem Mann irgendwo. Alles möglich. Sie ist möglicherweise dankbar, dass alles so unkompliziert ist.

Nur – danach sieht sie nicht aus.

Woher er das nimmt, fragt er sich sofort. Frauenkenntnis, ohne jemals mit einer Frau auch nur eine Woche zusammengelebt zu haben?

›Ein Stilbruch ...‹, sagt seine innere Stimme betont sachlich. ›Ich lebe seit ein paar Stunden in einem furchtbaren Stilbruch.‹

Auf einmal merkte Bernhard Selig, dass er auf etwas

wartete. Er konzentrierte sich darauf, herauszufinden, was das war. Worauf er wartete. Es war nicht weiter schwierig herauszufinden. Er wartete darauf, dass das Telefon läutete.

XI

Das Telefon läutete nicht. Nicht an diesem Tag und auch nicht in den nächsten drei Tagen. Es war Selig, als sei das, die Tatsache, dass Manjo Monteverdi nicht anrief, eine notwendige Maßnahme. Nicht eine Maßnahme dieser Frau, sondern eine Maßnahme – er wollte beim ersten Mal, als ihm dieses Wort in den Sinn kam, sagen: des Schicksals. Doch dann besann er sich und sagte mutig das, was sich wirklich als Wort in seinem Kopf gebildet hatte: … eine Maßnahme *Gottes*.

Wie immer, wenn er das Wort *Gott* so ohne als Kontext und direkt dachte, kam es ihm in den Sinn, dass die heutige Welt, diese Welt da draußen so wenig, so beinahe nichts mit diesem Wort anfangen konnte. Die vergangenen 35 Jahre, die sein bewusstes Denken umfasste, waren gekennzeichnet von einem einfachen und stetigen Niedergang Gottes und der Kirche. Als er ein Kind gewesen war, hatte er noch einen Blick auf das Pracht- und Machtgewand der Kirche vor dem Zweiten Vatikanum geworfen. Und dann war dieses Gewand der Kirche in einer langen Zeitlupenaufnahme von der Schulter gezogen worden – oder hatte sie es sich doch selbst abgestreift? –, und darunter zeigte sich nichts als einfache historisch-vergilbte Unterwäsche. Nichts, was Würde und Dignität offenbarte. Und in den Dienst dieser Kirche in Unterwäsche war er getreten. Und es hatte ihm eine Art aufrichtiges Wohlgefühl vermittelt, dass er dieses In-Dienst-treten in dem vollen Bewusstsein um den Machtverlust der Mutter Kirche vollzogen hatte. Niemand konnte ihm vorwerfen, er habe sich der Macht der Kirche an den Hals geworfen. Er hätte auf Pfründe geschielt. Eher war es so, dass er zu einem spirituellen Pflegedienst angetreten war. Auch unsterbliche Institutionen konnten zu einem Pflegefall werden. Vielleicht fand die Kirche ja in den nächsten Jahren zu einer neuen Rolle. Aber noch war weit und breit nicht zu sehen, wie sie das anstellen wollte und was diese neue Rolle sein konnte.

Aus solchen allgemeinen Gedanken, die für ihn nicht neu waren, kehrte Selig dann regelmäßig wie in einem schnellen Niederfallen in die Wirklichkeit des unmittelbaren Jetzt zurück. Oft musste er an Geschichten denken, die über Priester geschrieben worden waren. Wieder einmal fand er, dass alle Geschichten, die er gelesen und von denen er gehört hatte, wie komplizierte Klänge in seiner Erinnerung aufgehoben waren. Seine Mutter erzählte ihm, als er ein Kind war, einmal eine Geschichte, die sie wiederum, wie sie sagte, von ihrer Mutter gehört hatte: Von einem Priester, der sich in den Laienstand hatte zurückversetzen lassen, der geheiratet und Kinder bekommen hatte. Und dann, nach Jahren, eines Tages: da habe die Frau dieses ehemaligen Priesters, als sie sehr früh aufgestanden sei, ihren Mann dabei ertappt, wie er im Wohnzimmer auf einem weißen Tischtuch Wein und Brot gestellt hatte. Während die Frau, deren Kommen er nicht gehört hatte, hinter ihm stand, murmelte er gerade die Wandlungsworte. »Das ist mein Leib, der für euch hingegeben wird. Tut dies zu meinem Gedächtnis!« Es hatte ihn geschaudert, als er das gehört hatte.

Gleich darauf fragte sich Selig, ob er eigentlich Priester geworden war, weil er seine Mutter und seine ganze Umgebung nicht enttäuschen wollte. Er gab sich die aufrichtige Antwort: Nein. Nein, er hatte es selbst beschlossen, und niemand außer ihm selbst war am Ende bei diesem Beschluss anwesend gewesen.

Dann gingen seine Gedanken endgültig zu den Geschichten zurück. Priester und Frauen. Der junge Adson in Umberto Ecos ›Name der Rose‹ – auf einmal fühlte er sich diesem Jungen verwandt. Überrascht, verwirrt und im Fallen hingezogen. Ein einziges Mal in den Armen einer Frau ... Was für ein Ereignis! Was für ein Rekord! Wie viele Männer mochte es in dieser Minute auf der Welt geben, die von sich sagen konnten: Ich habe in meinem Leben genau *einmal* in den Armen einer Frau gelegen. Vorher nicht und hinterher auch nicht mehr.

Selig fasste zwanghaft seine eigene Formulierung ins Auge: ... *in den Armen einer Frau.* Als ob das nichts anderes wäre! Aber dann sagte er sich, dass diese einfachen verhüllenden Worte doch das Beste und Zutreffendste waren, das er sagen konnte. Denn welche Worte hätten diese Erinnerung an eine vollkommen unwahrscheinliche Realität, die sich schon am Morgen danach in Nebelerinnerungen aufgelöst hatte – welche Worte hätten diese Realität denn wiedergeben können?

Unsere Erinnerungen sind Klänge aus Symphonien, deren Partituren verlorengegangen sind. Das war sein jugendlicher Satz gewesen. Damals, als er sich auf einer Reise, in Prag, in ein dunkelhaariges Mädchen aus Göttingen verliebt hatte. Da war er schon im Alumnat. Er hatte es vor Jahren einmal genau nachgerechnet. Er war im fünften Semester. Sie hieß Lioba. Ein eigenartiger Name. Eine junge Frau, älter als er, mit einem schönen, immer ein wenig traurigen Lächeln. Sie waren miteinander Essen gegangen, hatten sich sehr gut verstanden. Obwohl Lioba jedem Glauben an einen Gott sehr fern war. Sie hatte ihn, als er sie zu ihrem Zimmer brachte, vor der Tür geküsst. Leicht, mit geschlossenen Lippen. Und er, ganz souveräner junger Theologe und zukünftiger Priester, hatte gelächelt und sich von ihr gelöst. Dabei war er alles andere als sicher gewesen. In der Nacht hatte er beschlossen, dass er am nächsten Tag, irgendwo, irgendwie, ihren Kuss erwidern würde. Und dann hatte er sie beim Frühstück in der langen Hotelraum nicht gesehen. Er hatte bei der Rezeption nachgefragt. Die junge Dame sei am Morgen abgereist, sagte der Mann am Empfang. Was es in einem Leben doch für Geschichten gibt, sagte sich Bernhard Selig.

Damit war Selig endgültig in der Gegenwart angekommen, und seine am Vormittag mühsam niedergehaltene Nervosität stand am Nachmittag wie ein vibrierender schwarzer Marmorblock in seinem Bewusstsein. Wird sie anrufen. Es bleibt vielleicht bei dieser einen Nacht. Ja, es bleibt vielleicht bei dieser einen Nacht. Wahrscheinlich bleibt es bei dieser einen Nacht.

XII

Es kam dann anders als Selig gedacht hatte. Manjo Monteverdi rief nicht an. Auch am Sonntag und am Montag nicht. Vielleicht ist es besser so, sagte sich Selig da. Eine einzige Nacht eben. Er erinnerte sich daran, dass er am Sonntag weder selbst eine Messe gefeiert noch einen Gottesdienst besucht hatte. ›War diese Nacht eine Todsünde gewesen?‹, hatte er sich gefragt. Er konnte es sich nicht vorstellen. Aber auf jeden Fall aber wollte er beichten, bevor er das nächste Mal eine Messe zelebrierte.

Am Sonntag Nachmittag war er zur Wurmlinger Kapelle gefahren, hatte das Auto am Parkplatz abgestellt und war langsam den Berg hinaufgegangen. Oben angekommen hatte er begonnen zu beten. In der gleichen Weise, in der er immer betete. In der Weise, die er für sich schon als Jugendlicher entwickelt hatte. Es war ein direktes Gespräch mit Christus, den er ›Heiland‹ nannte. Und wie immer war etwas sehr Familiäres in dieser Anrede. Er stellte seine Fragen. ›Habe ich in dieser Nacht eine Todsünde begangen?‹

Es hatte damals einer recht langen Übung bedurft, um in solchen Augenblicken des Gesprächs mit Gott alle eigenen und aktiven Gedanken vollkommen auszuschalten. Er musste leer werden für Jesus und dabei doch den Resonanzkörper für die Stimme des Herrn bilden. Er stellte also diese Frage, und er war überrascht, als er die Antwort vernahm. Er konnte es zuerst nicht glauben. Strengte sich noch einmal an, um wirklich alle aktiven Signale seines Bewusstseins bis zur Unhörbarkeit zu dämpfen. Es blieb dabei: Er hörte ein ruhiges, ein sehr schönes Lachen.

Dieses Beten wollte ernst genommen sein. ›Bist du es wirklich, Herr?‹, fragte Selig. Und er fügte gleich hinzu: ›Verzeih mir. Meine Ruhe ist hin, und ich bin so unsicher.‹

Die Stimme war jetzt hart konturiert und deutlich wie in den besten und klarsten Augenblicken seines bisherigen Lebens. Sie sagte ihm, er solle keine Angst haben. Alles werde sich zu einer Lösung zusammenfinden.

An diesem Dienstag ging Selig also in dem Lebensmittelgeschäft auf der Wanne einkaufen. Er kämpfte mit sich und widerstand. Kein Whiskey, kein Cognac. Nur eine Flasche Spätburgunder Weißherbst. Es waren Semesterferien. Sollte er zu seiner Mutter nach Ludwigsburg fahren? Nein, doch nicht. Am nächsten Wochenende vielleicht. Heute wollte er lesen am Abend, und ein Glas Wein trinken. Und wenn ihm danach war die ganze Flasche. Das war erlaubt. Es war sogar geboten.

Er ging in Gedanken versunken auf die Kasse zu und hörte die Stimme. Für einen Augenblick wusste er nicht, woher die Stimme kam und auch nicht, zu wem sie gehören konnte.

»Hallo!«, sagte die Stimme. Er hörte ein leises Lachen. »Wie geht es dir?«

Da stand Manjo Monteverdi vor ihm. Neben ihrem Einkaufswagen. Einen Moment starrte er sie an und suchte die nächste Umgebung neben ihr ab.

Er hatte, sagte er am Abend zu sich, nach einem Mann gesucht. Er war er auf einmal sicher gewesen, dass Manjo Monteverdi in männlicher Begleitung vor ihm stand.

Aber sie war allein.

»Seltsamer Zufall«, sagte Manjo. »Hier kaufe ich sonst nie ein. Ich war in der Kunsthalle.«

Selig spürte, dass er rot geworden war, und er sah dann, dass auch Manjo rot angelaufen war. Das kam ihm sehr merkwürdig vor. Er hätte es nicht für möglich gehalten. Er fühlte sich sofort zu ihr hingezogen. Wie zu einer Frau, die er vor vielen Jahren geliebt hatte.

Und was nun tun? Auf einmal fühlte sich Selig in der Sackgasse, und er hatte Angst, dass ihm gleich und wahrhaftig der Atem stocken würde. Atemlos niedersinken, vor der Kasse. Ein Krankenwagen. Was fehlt dem Mann denn? Nicht viel. Er ist einer Frau begegnet. Was soll das heißen. Er ist der Frau begegnet, mir der er vor drei Tagen geschlafen hat. Ja, und? Weiter. Sie war die erste Frau. Ich meine – er hatte noch nie mit einer Frau geschlafen. Wieso? Wie alt ist er denn? Dreiundvierzig. Und er hat vorher noch nicht …? Nein. Erstaunlich. Wie erklärt man sich sowas? Er ist katholischer Priester. Theologe und katholischer Priester. Ach so. Trotzdem erstaunlich. Und dann hat ihn also das – dass er dieser Frau von vor drei Tagen zufällig begegnet ist, den Atem stocken lassen. Ja, genau das. Was es nicht alles gibt. Also, auf die Bahre mit ihm.

»Komm, lass uns einen Kaffee trinken gehen«, sagte Manjo Monteverdi und lächelte ihn aus ihren schmalen Augen an.

Und Bernhard Selig sagte: »Ja, gut. Lass uns einen Kaffee trinken gehen.«

XIII

Sie hatten dann auf der Terrasse des Cafés gesessen ...

Bernhard Selig ließ am Abend, als er auf dem Balkon saß und den ersten Schluck Wein trank, diesen Nachmittag vor seinem Bewusstsein vorüberziehen. Sie hatten sich angesehen, und ganz allmählich, langsam, war die Verlegenheit von ihnen gewichen. Ungefähr in dem gleichen Tempo bei ihr und bei ihm selbst. Er erinnerte sich noch in einer Art überwacher Klarheit wie überrascht er gewesen war. Manjo Monteverdi war so verlegen gewesen wie er. Das war doch in dieser Nacht, um die sich jetzt alles drehte, anders gewesen, hatte er überlegt.

›Ich wollte dich die ganze Zeit anrufen‹, hatte sie dann gesagt. ›Am Samstagnachmittag schon. Und dann in jeder Stunde. Aber – ich hab mich nicht getraut.‹

Sie lachte und sah ihm in die Augen. ›Am Sonntag Nachmittag bin ich mir auf einmal vorgekommen, wie eine fünfzehnjährige italienische Göre. So ein junges Ding, das seinen Dorfpfarrer dazu gebracht hat, seinen ganzen Widerstand mit einem Mal aufzugeben und mit ihr irgendwo zwischen Bäumen und Büschen ...‹

Er war gerührt gewesen. Und auf einmal war Dankbarkeit in ihm aufgestiegen. Er hatte an sich halten müssen, um nicht aufzustehen. Es hätte nicht viel gefehlt, und er wäre um den Tisch herumgegangen, hätte sich zu ihr niedergebeugt und sie geküsst.

Dann war die junge Frau auf der anderen Seite des Tisches wieder zu der Person geworden, die er vor ein paar Tagen kennengelernt hatte. Ihre Selbstsicherheit kehrte zurück. Sie hatte ihn direkt gefragt, wie es ihm *wirklich* ging. Ob ihn diese Sache umtreibe. Sie hatte souverän verallgemeinernd ›diese Sache‹ gesagt.

Und er hatte geantwortet, wörtlich so: ›Wie denn nicht?‹ Diese altertümelnde Form schien ihm passend. Dass er das, vorsätzlich, so gesagt hatte, gab ihm die Sicherheit, nicht zu lallen.

Und Manjo Monteverdi sagte, ohne Lachen: ›Da haben wir den Salat.‹

Am Ende, bevor sie zahlten und das Café verließen, hatte Manjo Monteverdi wieder so seltsam klar und lakonisch gesprochen wie er es von Anfang an erwartet hatte. ›Ich weiß natürlich, dass es für dich nicht einfach ist. Ich kann dir die Entscheidung nicht abnehmen. Aber ich möchte dich – wie sage ich das, verflucht noch mal?‹

›Ich weiß es auch nicht‹, hatte er gesagt. ›Ich weiß, das ist auch keine Hilfe.‹ Er hatte versucht zu lachen, und das Lachen war ihm im Hals steckengeblieben. Es war nicht viel mehr als ein leises Gurgeln aus seinem Mund gekommen.

›Ich möchte mit dir leben‹, hatte sie gesagt. ›Manchmal weiß ich so etwas ganz schnell.‹

›Du bist dir sicher?‹, hatte er gefragt. ›So schnell so sicher?‹

›Meinst du, dass man sich bei so etwas nach drei Wochen auf einmal sicher ist? Oder nach einem Jahr?‹

Jetzt hatte er sogar die Fähigkeit, schnell zu formulieren, wiedergefunden. Also hatte er geantwortet: ›Trotzdem. Normalerweise sagt man an dieser Stelle, glaube ich: ›Aber wir kennen uns doch noch gar nicht!‹‹

›Ich werde dich, glaube ich, nie viel besser kennen als

jetzt‹, hatte Manjo geantwortet.

Er hatte die ganze Zeit über darüber nachgedacht, was dieser Satz wohl bedeuten sollte. Er dachte immer noch darüber nach und wusste die Antwort immer noch nicht. (Allmählich wird Selig klar, dass er mit all seiner exegetischen Vorbildung niemals wird sagen können, was dieser Satz bedeutet.)

Bevor sie auseinandergegangen waren, hatte Manjo gesagt: ›Ich geb' dir noch ein paar Tage Zeit. Jetzt fällt mir das leichter. Am Wochenende ruf ich dich an. Freitagabend. Einverstanden? Du weißt jetzt, woran du bei mir bist. Sagen wir: mittel- bis langfristig.‹

Anschließend war es ihm überflüssig und dumm vorgekommen, dass er geantwortet hatte: ›Ich weiß nichts über dich. Fast nichts. Aber in diesem Rahmen weiß ich jetzt, glaube ich, woran ich bin.‹ Er hatte zu lachen versucht. Diesmal war es ihm gelungen, leicht blechern zu lachen. Aber sein Lachen hatte diese dumme Bemerkung nicht besser gemacht.

Sie war ihm offenbar nicht böse gewesen. Zum Abschied, an der Kreuzung, hatte sie ihn schnell auf den Mund geküsst. Dann waren sie in verschiedene Richtungen weitergegangen. Ihm war dieses Auseinandergehen eigenartig vorgekommen. Aber er wusste nicht warum.

XIV

Er erwacht und denkt schlaftrunken nach. Wird er gleich eine Stimme hören wird, die sagt: ›Guten Morgen!‹ Oder wird er allein neben seinem Bibel-Regal aufwachen? Dann klären sich seine Gedanken auf.

Es ist das Regal mit der Bibelsammlung, das Bernhard Selig anblickt. Und er ist allein. Es ist ihm, als starrten die sieben Bibel-Reihen ihn an. Jedes dieser Bücher hat ein eigenes Leben. Jedes für sich. Für einen Augenblick überlegt Selig, ob er das mit dem Bibelstechen wiederholen soll. Dann aber sagt er, dass die Zeit des Orakelns vorbei ist. Er muss die Antwort auf andere Weise finden. Aber er weiß nicht, wie es das anstellen soll.

Es ist Sommer. Reisezeit. Zeit für den Urlaub. Er ist in Tübingen geblieben. Er hat keine Pläne gemacht, weil er nicht über das Ende dieses Festschrift-Projekts hinausblicken konnte. Und jetzt? Möglich, dass er geblieben ist, weil er auf einen Anruf gehofft hat. Jetzt wartete er auf den Freitagabend. Da will Manjo Monteverdi anrufen. Wahrscheinlich erwartet sie wirklich so etwas wie ein klärendes Wort von ihm. Wie kommt es, dass eine so schöne junge Frau allein lebt und darauf wartet, ob er sich für sie entscheidet. Ist das überhaupt möglich? Oder hat er sie da falsch verstanden? Will sie ihm am Freitag doch nur mitteilen, dass ihr Freund im Oktober von seinem Forschungsaufenthalt in den USA zurückkommt? Vielleicht will sie ihm nur erklären, wie es gekommen ist, dass sie an diesem Abend den Kopf verloren hat, in die Offensive gegangen ist, ihn für diese Nacht bei sich haben wollte.

Aber eben nur für diese Nacht.

Es ist warm an diesem Morgen. Es wird ein heißer Tag werden. Doch Selig fröstelt, als er zu seinem kleine Badezimmer geht. Er zieht den Bademantel fest zusammen. Seine nächste Zukunft ist wie diese gekachelte Wand, schimmernd undurchdringlich. Seine Angst legt sich wie Dunst auf die Kacheln seines inneren Raumes. Kann einer wie er wirklich alles aufgeben, in einem Alter, in dem andere schon an allmählich an die Rente denken? Was gibt er auf? Seine Sicherheit. Das Gewohnte. Sein vertrautes Leben. Das Büro, die Seminarräume, den Hörsaal. Die Kollegen. Die theologischen Fragen und die Hoffnung auf Antworten. Die Hoffnung, in zwei, drei Jahren Professor zu sein. Mit einer gesicherten Anstellung im Rücken endlich frei und ruhig das zu formulieren, was er immer formulieren wollte. Gedanken, in klare Worte gekleidet, schön zu lesen. Über Gott und die Welt. Irgendwann vor der Habilitation hat er sich vorgenommen, dass er, wenn das alles überstanden ist, endlich seine Sprache finden wird. Er wollte keiner von denen sein, die als Rebellen mit Anstellungsgarantie gegen die Kirche und ihre Lehre antraten und dadurch eine kleine Popularität gewannen. Er wollte über die Gleichnisse des Christus schreiben. Kühne Pläne waren darunter. ›Wenn ihr nicht werdet wie die Kinder ...‹ Eine neue Sicht solcher Worte. Das alles, diese Pläne, die Hoffnungen, diese Zukunft – vorbei? Der Sprung von einem hohen Turm in die Tiefe. Und wenn es Gottes Wille ist, dass er diesen kleinen Schritte über den Rand hin geht, dann werden Engel kommen und ihn im Fall auffangen, damit er unten nicht zerschellt? Wahrscheinlich wird er zerschellen. Gleich, oder nach zwei Jahren, wenn sich herausstellt, dass er zum Leben mit einer Frau einfach nicht taugt. Wenn seine Junggesellen-Marotten zurückgekommen sind. Ganz normale Merkwürdigkeiten eines Mannes, der lange allein gelegt hat. Es hat nichts damit zu tun, dass er ein unverheirateter Priester ist. Dann wird es zu spät sein für einen wie ihn.

Während er sich rasiert, muss er auf einmal an Miguel de Unamunos ›San Manuel der Gute‹ denken.

Auf einmal hatte er das Gefühl, dass er da nachlesen musste, um eine Antwort zu finden. Er wischte sich den Schaum aus dem Gesicht und ging zurück in sein Wohnzimmer, an das Bücherregal, indem seine Unamuno-Ausgaben standen. Er fand den zweisprachigen Reclam-Band nicht, in dem er nachlesen wollte.

Selig blieb irritiert vor den Büchern stehen. Hatte er den Band verliehen? An wen hätte er dieses Buch schon verleihen sollen? Egal, dass das Buch nicht da war, nahm er am besten auch als Zeichen. Die Antwort sollte sich ihm nicht erschließen. Oder jedenfalls nicht auf diesem Weg.

XV

Seligs Blick fällt auf den Boden. Da liegt ein Buch. Er weiß nicht, seit wann es da liegt. Er lebt allein in dieser Wohnung. Wenn ein Buch aus dem Regal fällt, dann ordnet er es wieder an den Platz zurück, an dem es gestanden hat. Er nimmt das Buch vom Boden auf. Es ist ›Das

Bildnis des Dorian Gray‹. Irgendwie kann er sich nicht erinnern, ob er dieses Buch jemals gelesen hat. Er kennt den Inhalt, irgendwoher. Aber wahrscheinlich nur aus einem Romanführer, denkt er.

Als er das Buch aufschlägt, sieht er seine Anstreichungen, und hinten in dem Buch hat er, wie er es immer tut, wenn er liest, mit Bleistift Schlüsselwörter und die Seitenzahlen dazu notiert. Für die Seite 199 steht da *Theologen*. War das ein Hinweis? Oder wenigstens der erste einer Reihe von Hinweisen? Eine Stelle, die ihm helfen soll, eine Entscheidung zu finden?

Er schlägt die Seite auf. Er liest den Absatz.

> Es gibt Augenblicke, wie die Psychologen sagen, in denen die Leidenschaft für die Sünde oder für das, was die Welt Sünde nennt, einen Menschen so beherrscht, dass jede Faser des Körpers und jede Zelle des Gehirns von schrecklichen Trieben erfüllt zu sein scheint. In solchen Augenblicken verlieren Männer und Frauen die Freiheit ihres Willens. Sie bewegen sich gleich Automaten auf ihr entsetzliches Ende zu. Die Wahl ist ihnen genommen, und das Gewissen wird entweder getötet, oder es lebt, wenn überhaupt, nur noch, um der Empörung ihre Faszination und dem Ungehorsam seinen Reiz zu verleihen. Denn alle Sünden sind, wie die Theologen uns zu mahnen nicht müde werden, Sünden des Ungehorsams.

So einfach ist das? Das lässt sich leicht umformulieren und passend machen. Er hat gesündigt. Wahrscheinlich keine Todsünde. Aber eben doch eine schwere Sünde im klassischen Sinn. Unwichtig in welchem Grad genau. Das Vermessen der Sünden ist in den letzten Jahren aus der Mode gekommen. Aber in welche Richtung ihn das Wort

›Gehorsam‹ weist, da gibt es keinen Zweifel. Er hat ein Gelübde abgelegt. Keuschheit war nicht die zentrale Stelle des Priestertum. Vielleicht war der Zölibat tatsächlich nur eine langgezogene historische Strecke im allmählichen Werden der Kirche. Vielleicht wird der übernächste Papst soweit sein und die Zölibatsreform in Angriff zu nehmen. Womöglich einfach, um den Priestermangel ein wenig erträglicher zu halten. Wer weiß. Aber für ihn gibt es das Gelübde und den Gehorsam.

XVI

Dann gab Selig es auf, Bücher als Orakel zu nehmen. (Er notiert in sein Tagebuch wörtlich: ›... Bücher als Orakel zu missbrauchen.‹) Auf einmal war eine große Stille in ihm. Einen Tag lang schwieg alles in ihm, und um diese Stille nicht zu stören, verbot er sich sogar das Beten. Und schließlich, am Abend des Mittwoch, sprach ihn eine Stimme unvermittelt an. Die Stimme kam aus dem Telefon, nicht aus seinem eigenen Bewusstsein. Er brauchte aber eine winzige Zeitspanne, um das zu begreifen. Diese dunkle Frauenstimme am Telefon fragte: »Nun, wie ist es bei dir?«

Jetzt brauchte Selig – der sich inzwischen darüber im Klaren war, dass er den Telefonhörer in der Hand hielt – noch einmal eine hörbare Zeit, um zu verstehen. (Manjo Monteverdi sagte, doch das war ein Jahr später, sie habe leise lachen müssen, so deutlich habe sie am Telefon sein Erschrecken und Erstaunen bemerkt. Ja, sie habe tatsächlich durch die Telefonleitung das Geräusch gehört, als er geschluckt habe. Selig erwiderte bei dieser Unterredung aufrichtig: Ja, er erinnere sich sehr gut, an das Gespräch; darum aber wisse er auch genau, dass er ihr Lachen nicht bemerkt habe. Also sei er wohl doch sehr verwirrt gewesen.)

»Ich dachte«, sagte Selig nach dieser Pause, »du – du wolltest erst am Freitag anrufen.«

»Ich habe es nicht mehr ausgehalten«, sagte Manjo Monteverdi. »Ich wollte – na ja, ich wollte einfach deine Stimme hören. Kurz mit dir reden. Wahrscheinlich geht es dir auch nicht so gut. Oder? Nicht, dass ich mich schuldig fühle, aber ...«

Jetzt hörte Selig ohne Schwierigkeiten, dass Manjo Monteverdi leise-verlegen lachte.

XVII

Sie hatten sich zu diesem Spaziergang am Heuberger Torweg verabredet. Es war der 19. August, ein Donnerstag. Ohne dass sie darüber gesprochen hätten, war ihnen klar, dass es nicht gut war, wenn sie sich zuerst zu Hause trafen. Weder Seligs noch Manjo Monteverdis Wohnung war im Augenblick ein guter Ort für so etwas.

Selig war zu Fuß zu dem vereinbarten Treffpunkt gegangen. Er wartete ungefähr fünf Minuten. Dann sah er einen roten Porsche auf die Studo-Parkplätze zufahren. ›Das ist ein merkwürdiges Auto an dieser Stelle‹, hatte er noch gedacht.

Manjo Monteverdi hatte ihn gesehen und winkte ihm aus dem Auto zu. Er ging ihr entgegen. Während er auf sie zuging, sagte er sich, dass es sicherlich kein guter Gesprächsanfang war, wenn er sie fragte, wie es kam, dass sie einen Porsche fuhr.

Sie gaben sich ein wenig förmlich die Hand. Küssten sich nicht zur Begrüßung. Selig, während sie anschließend mit ungefähr einem Meter Abstand nebeneinander hergingen, fiel auf: Sie sprachen beide sehr ernsthaft, und doch ruhig und entspannt. Das machte, dass er sich wohlzufühlen begann. Er sagte sich auch: Wenn einer seiner Studenten ihm nun entgegenkäme – es sähe sein Spaziergang neben dieser dunkelhaarigen, ernsthaft dreinblickenden jungen Frau wahrscheinlich nach einem Beichtgespräch im Gehen aus. Er schwieg, und die Frau neben ihm redete.

Manchmal dachte Manjo Monteverdi nach, und dann gingen sie eine halbe Minute schweigend nebeneinander her. Bis Manjo ihre Gedanken wieder geordnet hatte und weiterredete.

»Es hat für dich wahrscheinlich so ausgesehen, als ob ich dich – na ja, als ob ich dich künstlich hinhalte. Aber das war nicht so. Ich habe selbst die paar Tage gebraucht. Da, an diesem Freitagabend, da hatte ich am Ende tatsächlich ein wenig zu viel getrunken. Oder – ich glaube, ich hatte wahrscheinlich genau die richtige Menge getrunken. Denn ich habe nichts getan oder gesagt, was ich nicht hätte tun oder sagen wollen. Nur wäre es mir – es wäre mir schwerer gefallen. Vielleicht hätte ich nicht den Mut gehabt, dich zu fragen, ob du noch einen Kaffee willst. So ganz nüchtern. So wie jetzt. Da wäre mir das schwergefallen. Verstehst du, was ich meine?«

»Ja«, sagte Selig. »Ja, sicher.« Er war froh, dass Manjo Monteverdi das Reden übernommen hatte. Obwohl es ihr offenbar auch schwerfiel zu sprechen. Sie hatte diesen Part so sehr übernommen, dass sie die Fragen, die er hätte stellen müssen, seine möglichen Anmerkungen auch, gleich mitsprach. Und sie tat das gekonnt und selbstverständlich.

»Du hast dich wahrscheinlich in den vergangenen Tagen ein paar Mal gefragt, was das für eine Frau ist. Die dich bei einem zufälligen Kennenlernen in einem Lokal, am ersten Abend – nun ja: einfach mit in ihre Wohnung nimmt, und dann ... Du weißt, was ich meine.« Es trat eine dieser Pausen ein, in der sie schweigend nebeneinander hergingen.

»Wahrscheinlich hast du dir auch überlegt, dass du so gar nichts über mich weißt. Ich bin mir nicht sicher, aber ich halte es durchaus für möglich, dass du vielleicht sogar gefragt hast, ob ich verheiratet bin. Oder einen festen Freund habe. Dass mein Mann oder mein Freund woanders lebt. Wie das heute halt so ist.«

»Tja, das habe ich mir überlegt«, sagte Selig. »Du hast vollkommen recht.«

»Und?«

»Ich habe mich gewappnet. Mich darauf eingestellt. Gefasst gemacht. Damit mich nicht ein überharter Schlag vor den Kopf trifft, wenn du mir so etwas erzählst.«

»Klug von dir. Vielleicht hast du sogar insgeheim gehofft, dass es so ist. Damit du keine Entscheidung treffen musst. Alles kann für dich so bleiben, wie es bisher war, hast du dann überlegt. Dein Leben geht weiter. Es gibt da nur diese Episode. Diese eine Nacht. Nach ein paar Wochen schon eine Erinnerung wie an ein Buch, das du gelesen hast. Du musst dir sagen: ›Das war aber Wirklichkeit!‹ Und Erinnerungen, bei denen man so einen Satz hinzufügen muss, werden beinahe noch künstlicher als Träume, an die man sich gut erinnert. Der Realitätsgehalt von Erinnerungen ist ja ganz und gar unterschiedlich. Das wissen alle Literaturwissenschaftler. Woher weiß ich gesichert, was ich glaube zu wissen?«

Wieder eine Pause. Sie gingen schweigend nebeneinander her. Selig überlegte, ob er sich jetzt zu diesem Schweigen zwang. Vorsätzlich nicht sprach. Er war sich sicher, dass dem nicht so war. Die Frau, die da neben ihm ging, dachte nach. Sie wollte dann weiterreden. Aber erst einmal nachdenken. Es war vernünftig, sie in diesem Nachdenken nicht zu stören. Er hätte jetzt beteuern können, dass er nicht gehofft hatte, dass sie liiert war, weil er so an einer Entscheidung vorbeikam. Aber Manjo Monteverdi erwartete nicht, dass er das sagte. Und es wäre eine glatte Lüge gewesen.

»Kommen wir zurück zum Wesentlichen«, sagte Manjo dann. »Du hast dich gefragt, wer ich bin und wie ich lebe. Du musst dich das einfach gefragt haben. Alles andere wäre künstlich. Und ich habe über diese Frage nachgedacht und habe gestern beschlossen, dass ich dir einfach sage, wie es sich verhält. Also – nein, ich bin nicht verheiratet. Ich bin nicht einmal in festen Händen. Auch nicht in lockeren. Allerdings war ich vor zwei Jahren noch verheiratet. Und ich bin erst seit einem halben Jahr geschieden. Mein Mann war Ingenieur bei Porsche. Nein, also – Ingenieur ist er da immer noch. Nur mein Mann ist er halt nicht mehr. Du hast dich wahrscheinlich gefragt, wieso ich dieses Auto fahre. Ich hab es bei der Scheidung mitgenommen. Wir haben einfach geteilt, und da war der Porsche einer meiner Anteile. Wir hatten zwei Autos. Einen großen Volvo und den Porsche. Dafür hatten wir keine Kinder.«

Manjo Monteverdi lachte und sagte: »Das war jetzt blöd. Nein, wir haben mögliche Kinder nicht gegen Autos aufgerechnet. Manfred, mein Ex-Mann, wollte einfach keine Kinder. ›Ich bin nicht der Typ für Kinder.‹ Seine Standardfeststellung. Mehr hat er dazu nie gesagt.«

»Ist eure Ehe daran – ich meine: war *das* euer Problem?« Eine zu direkte, ein zu – seelsorgerische Frage wahrscheinlich. Selig sagte sich, dass ihm das jetzt egal war. Es war ihm tatsächlich einfach egal.

»Auch. Aber wie das im Leben so ist, da kommt dann schnell alles Mögliche zusammen. Ich möchte nicht viel dazu sagen. Wahrscheinlich ist das ein Zeichen, dass ich noch nicht wirklich drüber weg bin. Oder was meinst du?«

Selig sah über die Wiesen hin zu den Hochhäusern. Die Situation kam im unwirklich vor. Wie nebelhaft verschleiert. Und dann sagte er sich: Nein, es war nicht diese Situation. Das Leben, das er auf einmal führte, war so unwirklich. Was kam da auf ihn zu?

Er hatte die Frage, die Manjo Monteverdi gestellt hatte, noch im Ohr, und er versuchte, sich an den Zusammenhang zu erinnern. War sie über ihre Ehe und die Probleme, die es da gegeben haben musste, hinweg?

»Ich bin kein sonderlich guter Ratgeber, was Ehe- und Scheidungsfragen angeht«, sagte er. »Nein, kein Gesprächspartner für so etwas. Zu wenig Erfahrung. Ich war einmal Kaplan. Das ist sehr lange her. Dann bin ich an die Universität zurück. Wenn ich Pfarrer auf der Alb geworden wäre, könnte ich dir wahrscheinlich so einiges sagen. Aber so?«

»Ach komm!«, sagte Manjo Monteverdi. »Ich will dich nicht als Pfarrer hören. Ich weiß einfach nicht, wieweit ich bin. Wo ich bin. Was mit mir los ist. Vor einer Woche dachte ich noch, ich genieße jetzt erst mal mein neues Leben. Kein Streit. Die Wohnung. Lesen. Für die nächste Zeit kein Stress. Vielleicht ein bis drei Liebschaften. Bitte sei nicht schockiert. Bisher gab es keine. An der Habilitation arbeiten. Ruhe einkehren lassen. Und dann – treffe ich *dich*!« Sie lachte und sah Selig von der Seite her an.

»Weißt du«, redete sie gleich darauf weiter, »ich hab mich natürlich gefragt, ob ich das Recht habe, so in dein Leben hineinzustolpern. Im Grunde genommen ist das ja, als ob ich mir schnell mal einen verheirateten Mann eingefangen hätte. Das ist nicht mein Ding. Ich will dich nicht von der Kirche – wegreißen. Eigentlich will ich das nicht. Auf der anderen Seite hab ich in den vergangenen Tagen nachgedacht. Ziemlich viel sogar. Da hab ich allmählich begriffen, dass das nicht stimmt. Ich will dich da wegreißen. Ich will dich ganz einfach für mich haben. Ja, für mich.«

»Du reißt mich nicht nur von der Kirche weg«, sagte Selig. Es schien ihm vernünftig, nicht um die Dinge herumzureden. Also redete er jetzt weiter. »Wenn ich ein verheirateter Anglist wäre, dann müsste ich mich zwischen meiner Familie und dir entscheiden. Aber egal wie ich mich entscheide, ich wäre weiter Anglist. Aber wenn du das, was du sagst ernst meinst – du redest jedenfalls so, als ob du alles ernst meinst. Also, wenn ich mich für ein Leben mit dir entscheide, dann entscheide ich mich nicht unbedingt gegen die Kirche, aber ich entscheide mich gegen meinen Beruf. Und ich bin dreiundvierzig. Theologen werden außerhalb der Hochschulen nicht gerade gesucht. Glaubst du, dass das ein guter Anfang für eine gemeinsames Leben wäre? Einer wie ich, der von Frauen keine Ahnung hat. Arbeitslos. Ohne Orientierung. Was würden wir anfangen?«

Manjo Monteverdi war stehengeblieben. »Sag mal«, sagte sie langsam. Sie suchte nach Worten. »Gibt es da nicht so – so eine Bibelstelle: ›Sehet die Vögel des Himmels, sie säen nicht und sie ernten nicht, und euer himmlischer Vater ernährt sie doch‹? Oder so ähnlich.«

»Ja, Matthäus 6, 26«, sagte Selig leicht geistesabwesend und automatisch. »Eine ziemlich berühmte Stelle. Und wir sind natürlich mehr wert als die Vögel. Nur – halt schwer, sich im praktischen Leben nach diesen schönen Hinweis einzurichten. Und ich – ach, herrjeh! Ich weiß nicht, was ich sagen soll. Und ich weiß nicht, was ich machen soll!«

Manjo Monteverdi sah sich betont um. Sie wendete den Kopf in Richtung Heuberger-Tor-Weg und sah dann nach Waldhäuser Ost. Es waren keine anderen Spaziergänger zu sehen. »Wie zum Teufel – Pardon! Wie kann es sein, dass ich mich Hals über Kopf in einen so schwierigen Fall wie dich verliebe?«, fragte sie. Sie war auf Selig zu getreten und hatte die Arme und seinen Hals gelegt. Selig versuchte zu lächeln, und er merkte, dass ihm das schwerfiel. Als Manjo Monteverdi ihn küsste und er den

Kuss erwiderte, fragte er sich verwirrt, wo er gelernt hatte zu küssen. Nach ein paar Sekunden fühlte er, dass er lachen musste.

»Oh«, sagte Manjo und sah ihn mit schief gehaltenem Kopf aus den Augenwinkeln an. »Lachst du über mich?«

»Nein«, sagte Selig. Er lachte jetzt wirklich. »Nein, bestimmt nicht. Ich habe mich nur gefragt, wo ich gelernt habe zu küssen.«

»Gute Frage«, sagte Manjo. »Das habe ich mich übrigens auch schon gefragt. Nicht nur beim Küssen.«

Sie lachte leise. Selig zuckte zusammen. Er fand den Satz und das Lachen zu anzüglich, und er wusste nicht, wie er reagieren sollte.

Dann sagte Manjo Monteverdi: »Und? Wie lautet für dich die Antwort?«

»Im Kino. Ich kann es nur im Kino gelernt haben«, sagte Selig. »Stell dir vor, wir schreiben das Jahr 1999. Und ein Mann in Deutschland hat das Küssen im Kino gelernt. Und so einiges andere auch. Beim Zuschauen im Kino. Der Mann ist Theologe und katholischer Priester und dreiundvierzig Jahre alt. Unglaublich. Wahr, aber unglaublich.«

XVIII

Am Freitag morgen wachte Selig kurz vor 6 Uhr auf, und sein erster blinzelnder Blick fiel auf die lachsfarbene, in der Farbe leicht verschossene Bibelausgabe von Nestle / Aland. Er hatte erstaunlich gut geschlafen. Aber jetzt

– kaum erwacht, war *das Problem* wieder in seinem Bewusstsein.

Noch halb im Schlaf war Selig wieder versucht, mit der Bibel ein Orakel zu veranstalten; doch er ließ es auch diesmal bleiben. Er nahm allerdings, auf dem Rand seines Betts sitzend, die Bibel, auf die sein Blick gefallen war, und schlug sie aufs Geratewohl auf. Ein Ersatz für ein Bibelstechen sollte das nicht sein. Es war der Beginn seines alten geregelten Tagesablaufs. Am Anfang stand ein kurzer Blick in die Bibel. Verbunden mit der Frage: Was sagt Jesus an dieser Stelle? Manchmal wurde ein Wahlspruch für den Tag daraus.

Selig zitterte. So viele Jahre hatte er so gelebt. Die Gewohnheit, sie war fürwahr eine Macht. So etwas – das allseits Gewohnte und in der Gewohnheit Angenehme aufgeben? War das möglich? Überstieg es nicht die Kräfte eines einfachen Theologen? Er war ja nicht Luther. Nicht im entferntesten. Also war er am Ende einer von denen – von vielen, die von der Fahne gingen. Unspektakulär. Es gab viele, die das taten in letzter Zeit. Und was wurde dann aus ihm? Dann später, in zwei, in fünf, in zehn Jahren?

Er legte das Buch, das er in der Hand hielt, weg und griff zur Vulgata. Er schlug eine beliebige Seite auf.

> Cumque disset Booz et bibisset et factus esset hilarior issetque ad dormiendum in extrema parte acervi manipulorum, venit abscondite et, discooperto a pedibus eius pallio, se proiecit. Et ecce, nocte iam media, expavit homo et erexit se viditque mulierem iacentem ad pedes suos. Et ait illi: »Quae es?« Illaque respondit: »Ego sum Ruth ancilla tua. Expande pallium tuum super famulam

tuam, quia tibi est ius redemptionis.«
Et ille: »Benedicta, inquit, es a Domino, filia; et priorem pietatem posteriore superasti, quia non es secuta iuvenes pauperes sive divites.«[1]

Selig spürte, wie er zu schwitzen begannt. Was das doch ein Hinweis? Hatte er an diesem fraglichen Tag nicht besonders gut gegessen und getrunken? Und um Mitternacht? Aber er hatte nicht geschlafen. Oder doch? War sein Theologen-Leben in seinen gesicherten Bahnen nicht bis dahin ein solcher Schlaf gewesen, aus dem er erwacht war? Zu allem Überfluss – Boas hieß dieser Mann aus dem Buch Ruth in den deutschen Übersetzungen. War da nicht wieder – erster und letzter Buchstabe des Namens! – *er* angesprochen? War das nicht Auskunft, die Zustimmung, nach der er sich gesehnt hatte?

Aber um Himmels willen – das war *Blasphemie!* Trickserei. Er *wollte* diese Stelle finden und also hatte er sie aufgeschlagen. Über die unbewussten Fähigkeiten des menschlichen Gehirns wusste man immer noch wenig. Nur dass es diese Fähigkeiten gab, darüber waren sich die Gehirnforscher so langsam einig. Er hatte da in GEO ei-

1 »Als Boas gegessen und getrunken hatte und guter Dinge war, legte er sich hinter dem Getreidehaufen schlafen. Da kam sie heimlich herbei, hob die Decke zu seinen Füßen auf und legte sich hin. Um Mitternacht fuhr der Mann auf, beugte sich vor und sah eine Frau zu seinen Füßen liegen. Als er fragte: »Wer bist du?«, antwortete sie: »Rut, deine Magd. Breite den Zipfel deines Gewandes über deine Magd aus! Denn du bist ein lösepflichtiger Verwandter.« Er erwiderte: »Gesegnet seist du vom Herrn, meine Tochter! Die Liebe, die du jetzt zeigst, ist schöner als die vordem, weil du nicht jungen Männern, ob armen oder reichen, nachliefst.«

nen Artikel gelesen, vor ungefähr einem Jahr ...

Seligs Augen brannten. Er zitterte jetzt stärker. Und er hörte diese Stimme in sich widerhallen und sein Kopf begann zu schmerzen. »Benedicta es a Domino ...«

Am Nachmittag, nachdem er eine Stunde ruhelos in seiner Wohnung auf und ab gegangen war, konnte er nicht mehr anders. Er rief Selig Manjo Monteverdi an. Ohne ein Wort der Begrüßung sagte er: »Ich weiß nicht mehr weiter.«

Manjo Monteverdi sagte ruhig: »Ich hol dich in einer halben Stunde ab. Wir gehen noch einmal spazieren. Es wird dir gut tun.«

XIX

Sie waren spazierengegangen, und am Ende hatten sie verabredet, dass sie sich das Wochenende über nicht sehen würden. Selig hatte von der Stelle aus dem Buch Rut erzählt, die er aufgeschlagen hatte. Er hatte gesagt, dass er einfach nicht anders gekonnt hatte – er hatte das als Zeichen sehen müssen. Als ein Zeichen, das ihn zu ihr hinführen wollte. Aber jetzt misstraue er erst einmal wieder diesem Zeichen. Manchmal glaube er geradezu, dass ein ganz und gar unheiliger Engel ihm diese Tage präsentiere. Um ihn auf die Probe zu stellen.

›Solche Prüfungen sind ja in der Bibel vielfach bezeugt‹, hatte er gesagt.

›Propheten sind, glaube ich, ganz anders als ihr Ruf‹, hatte Manjo Monteverdi daraufhin eingeworfen.

Er hatte sie erstaunt angesehen und etwas perplex gefragt: ›Wieso?‹

›Na ja, die meisten Menschen denken doch, dass die Propheten Visionäre sind, die, kaum dass Gott zu ihnen gesprochen hat, schon mit leuchtenden Augen und leicht irrem Blick vor das Volk treten und zu predigen anfangen. Aber in Wirklichkeit zögern und zaudern die Propheten erst einmal. Sie glauben weder Gott noch ihren Visionen. Sie sperren sich ein und trauen sich nichts zu.‹

›Ich bin doch kein Prophet!‹, hatte er entrüstet eingewandt.

Und Manjo hatte erwidert: ›Woher willst *du* das wissen?!‹

›Du sprichst wie eine, die mehr weiß, als sie sagt‹, hatte er gesagt. Er war von seinen eigenen Worten überrascht gewesen.

Und Manjos Antwort hatte ihn noch einmal überrascht: ›Vielleicht weiß ich ja mehr.‹

Er: ›Und woher? Raus mit der Sprache!‹ Die Härte und Ungeduld in seiner Stimme war ihm sofort unangenehm gewesen, und er hatte hinzugefügt: ›Bitte! Vielleicht hilft es mir ja.‹

›Schweigepflicht‹, hatte Manjo sachlich konstatiert. ›Später einmal. Viel später.‹

›Das setzt voraus, dass wir uns später – viel später noch kennen werden‹, hatte er verdutzt gesagt.

›Das ist richtig beobachtet‹, hatte sie geantwortet. Dann hatte sie laut gelacht. Ein volles, tiefes Lachen. Ihr Lachen hatte ihn an ein Interview erinnert, das er einmal gesehen hatte. Isabella Rossellini, die in diesem Interview italienisch gesprochen hatte. Die ein tiefes, fast ein wenig vulgäres Lachen gelacht hatte. Wie eine italienische Bäuerin.

Es war auch sonst ein Gespräch voller Überraschungen gewesen.

›Ich hatte eigentlich gehofft, dass Sex für einen, der so lange zölibatär gelebt hat, eine stärkere Attraktion ist‹, hatte sie später gesagt. ›dass dich das, was da war, schnell in meine Arme zurücktreibt. War es nicht schön? Und neu?‹

›Es war – es ist etwas, das mich vor allem verlegen macht, wenn ich darüber sprechen soll‹, hatte er daraufhin gesagt. Sie hatte darauf gewartet, dass er weitersprach, und er hatte nach ein paar Sekunden des Zögern gemeint: ›Vor allem macht es mich verlegen, dass es mir nicht wirklich wie etwas Neues vorgekommen ist. Wahrscheinlich sind die Instinkte doch viel tiefer in uns drin, als wir das wahrhaben wollen.‹

›Die Phantasien auch‹, hatte sie eingeworfen. ›Vergiss das nicht.‹

Und er hatte gesagt: ›Ja, vielleicht auch die Phantasien. Vor allem die, die man erfolgreich bekämpft hat.‹

In den vergangenen Nächten war er immer wieder hochgeschreckt. Aus Träumen, in denen Sex nicht vorkam. Seine Träume waren so kitschig, dass er sich für sie schämte. Blumenwiesen, Sonne, helle Tage. Und er, der mit Manjo Monteverdi Hand in Hand spazierenging, und sie redeten wie selbstverständlich über Gott und die Welt. Einmal war da sogar ein kleines – aber da war dann gleich aufgewacht. Schweißnass und panisch. Vorher, in seinem Traum, war er ruhig und zufrieden gewesen. Dieser Gegensatz erstaunte ihn. Er hatte so etwas noch nie erlebt.

Und immer wieder hatte er gebetet. Zweimal hatten sie telefoniert an diesem Wochenende. Als ihn Manjo gefragt hatte: ›Was machst du so?‹, da hatte er geantwortet: ›Ich bete viel.‹ Und sie hatte ihn sofort gefragt: ›Und? Was sagen deine Gebete?‹ Ihm war die Formulierung aufgefallen. ›... was sagen deine Gebete ...‹ Das klang nach einem Vollprofi in Sachen Gebet. Er hatte ihr das auch gesagt, und sie hatte geantwortet: ›Jetzt weich nicht aus! Was sagen sie, deine Gebete?‹ Er hatte mitgeteilt: ›Wenig. Fast nichts. Meistens lacht Jesus nur. Nicht gerade, dass er mich auslacht. Aber es ist schon erstaunlich. Und gestern hat er, nachdem er sich ausgeschüttet hatte vor Lachen – ja, er hat gesagt: ›Jetzt stell dich nicht so an, Mensch!«

3. Teil

Selig

I

Am 23. September, an seinem Geburtstag, wurde Professor Fischkirner die Festschrift in einer lehrstuhlinternen Feier überreicht. Dr. Templer hatte eine Woche, nachdem Selig die Druckvorlage zum Verlag gebracht hatte, angerufen, und beide, Templer und Selig, hatten sich am nächsten Tag noch einmal getroffen. Selig sprach von dem Ärger mit Litter, und Templer ging schnell über die Angelegenheit hinweg. Man werde vom Verlag her alles tun, damit die Festschrift rechtzeitig zum Geburtstag vorliege, sagte er. Dann möge Selig allerdings auch bedenken und entsprechend über die Sache sprechen: Wie sehr sich der Verlag eingesetzt habe, damit trotz der verspäteten Ablieferung der Druckvorlage die Festschrift rechtzeitig fertig sei, und die Herausgeber würden wohl nichts dagegen haben, wenn der Verlag die Produktionsumstellungen, die durch die Verspätung notwendig geworden seien, mit einem kleinen Aufschlag in Rechnung stelle. Er würde sagen – so 300 Mark. Das sei ja wohl noch recht kulant, da das Buch nun doch noch rechtzeitig fertig werde.

Es mussten dann noch diverse Kleinigkeiten erledigt werden. Selig setzte sich in einem knappen Brief noch einmal dafür ein, dass der Umschlag der Festschrift mit weißer Schrift inmitten eines Kardinalsviolett erschien, und nicht, wie der Verlag vorgesehen hatte, mit der farbigen Schrift auf weißem Cover. Selig plädierte in dem Brief auch nachdrücklich dafür, dass die serifenlose Schrift, linksbündig angeordnet, beibehalten werde, die er bei seinem Umschlagvorschlag gewählt hatte. Der Verlagslayouter hatte hier eine normale Times vorgesehen, mittig gesetzt und in unterschiedlichen Größen für Titel, Untertitel und Herausgeberangaben, eine Außenansicht, die, wie Selig in seinem Brief schrieb, ›doch recht bieder daherkäme‹.

Wolf und Selig hatten am Tag vor der Überreichung das eine Exemplar, das ihnen Dr. Templer druckfrisch zugeschickt hatte, zur Buchbinderei Schäuble in der Herrengasse gebracht und einen festen Einband mit Goldprägung ausgesucht, um, wie sie sagten, einen ›Prachtband‹ für die Überreichung herstellen zu lassen. (Da hatte Bernhard Selig bereits vergessen, dass er die Maßnahme des Verlags für affig gehalten hatte, unter das Bild und den Namen von Fischkirner, durch einen Strich vom Namen des Gefeierten getrennt, noch einmal ein *Litter* zu setzen – obwohl dieses Wort auf der Titelseite unten wahrhaftig groß genug prangte.) Diesen Band holte Selig am Morgen des 23. September auf dem Weg zum Seminar bei der Buchbinderei ab, und Wolf und Selig gingen pünktlich um 11 Uhr zu Fischkirners Sekretariat, wo sich bereits einige ausgesuchte persönliche Gäste und die große Hilfskräfte-Schar Fischkirners versammelt hatten. (Selig zuckte ein wenig zusammen, denn er hatte damit gerechnet, dass nur die Tagesbesetzung an Hilfskräften da sein werde, und er hatte darum nur drei Flaschen Mumm besorgt, die er in einer Kühltasche mit sich trug. Am Ende kam es Selig ein wenig blasphemisch vor, aber der Sekt reichte, und er musste – und er konnte sich einfach nicht dagegen wehren – an Matthäus 15,32 denken.)

Wolf und Selig überreichten Professor Fischkirner die Festschrift mit nur wenigen, noch dazu ein wenig verlegen klingenden Worten, und so war es gut, dass auch der Dekan der Evangelischen Fakultät, Professor Freude, gekommen war, der mit einigen souverän gesprochenen, humorvollen Worten ein besonderes kleines Geschenk überreichte. Es war Professor Freude gelungen, je ein Exemplar der ersten und der zweiten Auflage von Walter Jens' ›Der Mann, der nicht alt werden wollte‹ zu finden; beide Bücher schenkte er Fischkirner nun also zu seinem 60. Geburtstag. (Selig zuckte zum zweiten Mal an diesem Vormittag zusammen, diesmal wegen des Titels der Bücher; er sagte sich aber gleich darauf, dass es natürlich ein Zeichen von Souveränität und eines bestimmten, nicht eben oft zu findenden Humors war, wenn einer wie Professor Freude einen derartigen Mut bewies und einen doch ein wenig anzüglich klingenden Titel schenkte. Allerdings war der Mut nicht Tollkühnheit, denn Professor Fischkirner war gewiss kein Mann, der nicht alt werden wollte; niemand konnte also hinter dem Titel der beiden Jens-Bücher eine wirkliche Anspielung vermuten.)

Professor Josef Schott, der Weggefährte Fischkirners, hielt sodann die eigentliche Festrede. Er hatte – wie er einleitend vermerkte –, von der namhaften, ihm seit längerem persönlich bekannten Tübinger Künstlerin Annette Wohlrabe gefertigt, eine Heuschrecke vor sich auf den Tisch gestellt, die er Fischkirner als Geburtstagsgeschenk übergeben wollte, und die Rede, die er hielt, kreiste um die Heuschrecke als symbolhaftes Tier. Schott ließ es sich angelegen sein, gleich zu Beginn seiner Rede darauf zu sprechen zu kommen, dass die Heuschrecke üblicherweise als das gefräßige Tier der biblischen Plagen einem vor Augen stünde; der, der ein wenig länger nachdenke, könne aber leicht herausfinden, dass die Heuschrecke – ja, wo? – eine ganz andere Bedeutung habe! Wo? Eben, natürlich! Ja! Bei Matthäus 3,4. Das kenne man ja: ›Johannes trug ein Gewand aus Kamelhaaren und einen ledernen Gürtel um seine Hüften; Heuschrecken und wilder Honig waren seine Nahrung.‹ (Schott zitierte die Stelle, um die Spannung kunstreich zu steigern, auf hebräisch, griechisch und schließlich auf lateinisch. Bei der leichten Auffindung der verschiedenen Fassungen sei ihm, wie er wie nebenbei bemerkte, seine Privatbibliothek, wohl eine der größten Privatbibliotheken Tübingens, sehr zu Hilfe gewesen.) Und von diesem Befund schritt Schott über mehrere Stationen hin kunstreich interpretierend fort. Er bezog noch eine ganze Reihe von Stellen bei den Kirchenvätern mit in seinen Argumentationsgang ein und kam am Ende zu dem Schluss, die Heuschrecke müsse als das Tier der in der Wüste unserer theologischen Unwissenheit das Überleben sichernden geistigen Nahrung verstanden werden. Ein als Nahrung vielleicht grässliches Tier; aber der den geistigen Tod vor Augen habe, sei für diese Fastenspeise wohl dankbar. Und somit sei es wohl rechtens, dass er diese Heuschrecke Professor Fischkirner heute, an dessen 60. Geburtstag, überreiche.

Nachdem mit Professor Schotts Rede der offizielle Teil der Festschrift-Überreichung abgeschlossen war, bedankte sich Fischkirner sichtlich gerührt für die große Ehre, die ihm zuteil geworden sei. Alle standen noch mit einem Glas Sekt in der einen, und mit einem belegten Brötchen in der anderen Hand da, und es entstand die bei solchen Gelegenheiten übliche muntere Plauderei. Wolf erzählte launig davon, dass man Arnulf Büllers Beitrag leider wegen Unwissenschaftlichkeit nicht habe in die Festschrift aufnehmen können, was Fischkirner ausdrücklich und sehr bedauerte. Er fragte sogar nach, ob er den Beitrag nicht doch einmal lesen könne, worauf Selig versprach, er werde den Büllerschen Aufsatz in der Art der Festschrift setzen und ihn Fischkirner nachträglich geben. Sodann entschuldigte Wolf die Nicht-Anwesenheit von Trutz Winkelmann, der, wie bekannt sei, Exerzitien mache, der aber, wie er mitgeteilt habe, mit allen kontemplativen Gedanken und mit seinen besten Wünschen bei dieser Feier dabei sei.

Bernhard Selig stand da, nippte an seinem Glas, und er dachte daran, dass ihn Manjo Monteverdi zwei Tage nach jener Nacht angerufen und gefragt hatte, ob er nicht mit ihr zu einer Fahrt quer durch Frankreich aufbrechen wolle. Er war auf diese Frage nicht gefasst gewesen. Natürlich nicht. Er hatte auf einen Anruf gewartet und zugleich Angst vor diesem Anruf gehabt. Aber mit dieser Frage hatte er nicht gerechnet. Er hatte sich, als das Telefon nicht läutete, um seine Enttäuschung zu mildern, gesagt, dass es für sie eben eine Affäre für eine Nacht gewesen war. Es sei für sie wahrscheinlich der besondere Kitzel gewesen, einen geweihten, zölibatär lebenden Priester zu verführen. Und er hatte ungefähr eine halbe Minute gebraucht, bis er, als das Telefon endlich läutete und er ihre Stimme hörte, sein Schlucken unterdrücken und sagen konnte: Ja, gerne, er freue sich schon sehr auf diese Fahrt. So hatte er die ersten beiden Septemberwochen Urlaub genommen und war mit Manjo Monteverdi durch Frankreich gefahren. Niemand von denen, die hier standen, kannte Frankreich so wie er es jetzt kannte, überlegte Selig und lächelte, den Blick auf eine Topfblume gerichtet. Er hatte tatsächlich gelernt, in den Nächten jene Wörter auszusprechen, die David Lodge so selbstverständlich in seinen Romanen verwendete.

II

Die endgültige und offizielle Übergabe der Fischkirner-Festschrift fand erst am 2. November 1999 während einer abendlichen Feier statt. Dr. Templer hatte tags zuvor Selig angerufen, dass er zu der offiziellen Überreichung nun doch leider nicht kommen könne. Selig möge Herrn Fischkirner seine, Templers, allerbesten Grüße und Glückwünsche übermitteln. Dann autorisierte Dr. Templer die Herausgeber, bei der Feier eine Subskriptionsliste auszulegen und die Festschrift, die nun im Buchhandel endgültig 99 Mark 80 kosten würde, für 49 Mark anzubieten. Vorsorglich wies er noch einmal darauf hin, dass, wenn er richtig informiert sei, die 300 Mark, die sie ja als kleinen Säumniszuschlag vereinbart hätten, noch ausstünden.

Bei der Überreichungsfeier wurden nun durchaus offizielle Reden gehalten, bei denen die Verdienste, die sich Fischkirner in der Welt der modernen Theologie erworben hatte, gebührend herausgestellt wurden. Allseits wurde bedauert, dass die von viel Witz und Erinnerung getragene Laudatio auf Fischkirner, die Professor Fritz Roger verfasst hatte, von diesem nicht selbst vorgetragen werden konnte. Roger hatte fest vorgehabt zu der Feier zu kommen, war auch bereits aufgebrochen gewesen, doch war sein Zubringerzug zum Intercity schicksalhaft durch einen Erdrutsch aufgehalten worden, und Roger war, wie er am Telefon mitteilte, nach Trier zurückgekehrt, weil es keine Möglichkeit mehr gab, rechtzeitig in Tübingen anzukommen. Seine sehr schön formulierte Ansprache hatte er freilich dann per Fax durchgegeben, sodass sie von Eberhard Wolf verlesen werden konnte.

Auch Professor Meyer-Steinthal war von der Eisenbahn nicht recht befördert worden, und würde dem Vernehmen nach erst am nächsten Tag und dann eben zu einem Privatbesuch bei Fischkirner eintreffen.

Nachdem alle Reden gehalten und die Festschrift in einem normalen kardinalfarbenen Verlagsexemplar in die Hände Fischkirners gelegt war, bedankte sich Fischkirner in einer kleinen improvisierten Dankesrede. Er gedachte dabei, in einem Blick über sein akademisches Leben hin, seines eigenen Lehrers, des vor Jahren verstorbenen Professors Schwarz, und er erwähnte herausgehoben und besonders und zur allgemeinen Verwunderung auch derer, die Fischkirner näher kannten, seinen – anwesenden – evangelischen Kollegen Professor Freude. Bei der anschließenden Feier wurde von einigen der Anwesenden die Vermutung geäußert, dass diese gesonderte Erwähnung Freudes möglicherweise damit zusammenhing, dass Freude – wovon niemals Näheres durchgedrungen war – vielleicht im damaligen Berufungsverfahren sich für die Berufung Fischkirners ausgesprochen hatte. Schließlich waren die siebziger Jahre getragen vom Gedanken der nachkonziliaren Ökumene, und da war es durchaus möglich, dass die katholische Theologische Fakultät bei den evangelischen Kollegen um Rat gefragt hatte.

Im übrigen aber war die Feier nach der offiziellen Übergabe der von Fischkirner wohl gewünschte, nur kleine Empfang, bei dem sich alle offenkundig wohlfühlten und, durchaus anders als bei solchen Gelegenheiten üblich, dem guten schwäbischen Wein und den ausgezeichneten Brezeln bis in die späteren Stunden dieses Donnerstag zusprachen.

Es geschahen noch kleine lustige Dinge, über die später noch recht herzlich gelacht wurde. Dr. Schwab etwa trat – Dr. Schwab ist überzeugter Abstinenzler – mit einem Glas Wasser und den Worten: »Wie geht es Ihnen denn so, Herr Robbenstaek?« auf Dr. Klaus Maria Robbenstaek zu. (Er habe, sagte Schwab später, natürlich nur einen kleinen ironischen Scherz machen wollen; denn natürlich duze er Robbenstaek seit jenen gemeinsamen Tagen am Lehrstuhl Fischkirners in den achtziger Jahren.) Robbenstaek sah Schwab mit leicht gerunzelter Stirn an und meinte, offensichtlich irritiert: »Es tut mir leid, Herr ...? Bei welcher Gelegenheit hatte ich das Vergnügen? Ich kann mich im Augenblick leider nicht erinnern.« Nein, so alt sei er in den letzten zehn Jahren noch nicht geworden, dass man ihn nicht mehr erkennen könne, wurde Schwab von einigen Umstehenden getröstet. Dieses kleine Missverständnis sei einfach nur der immerwährenden übergroßen Konzentration Robbenstaeks zuzuschreiben, der neben seinen Ideen zu den formalen Gottesbeweisen kaum etwas anderes im Gedächtnis behalten könne.

Bernhard Selig, obwohl er sich durchaus mit anderen unterhielt und auch eine Zeitlang Fischkirners Erzählungen im Kreise der Umstehenden zuhörte, er stand doch auch häufiger allein da und beobachtete die Feier aus der inneren Distanz und mit einem Herzen, das zur einen Hälfte unerträglich leicht und zur anderen Hälfte fundamental schwer war. Irgendwann zwischen dem heutigen Tag und dem Ende dieser laufenden Vorlesungszeit musste er sich entscheiden, sagte sich Selig, und er wusste doch heute schon, wie er sich entscheiden würde.

Bernhard Seligs Herz war zugleich leicht und schwer. Diese höchst eigenartige Vermischung von kaum erträglicher Leichtigkeit und niederdrückender Schwere war so entstanden: Manjo Monteverdi hatte Selig vor einer guten Woche, als er sie in ihrer Wohnung besucht hatte, umarmt und angekündigt, sie sei zu einer Einsicht gekommen. Sie holte unter den verwunderten Blicken Seligs eine Flasche Champagner herbei und schenkte ein. ›Auf die Moderne!‹, sagte sie emphatisch und stieß mit Selig an. Selig wusste nicht, was dieser Trinkspruch bedeuten sollte und bat um Aufklärung.

›Du kannst dir nicht denken, was ich vorhabe?‹, fragte Manjo Monteverdi. ›Nein, ich habe nicht eine einzige Idee!‹, antwortete Selig. ›Dann schnell, bevor du ungeduldig wirst!‹, rief Manjo. ›Die Moderne hat der Frau die gleichen Rechte wie dem Mann gegeben, und ich habe also das Recht, das zu tun, was ich jetzt tue. Ich mache dir nämlich jetzt, genau jetzt, in dieser Stunde und Minute, einen Heiratsantrag: Bernhard, willst du mein Mann werden?‹ Selig war einen Schritt zurückgetreten und hatte sich in einen Sessel fallen lassen, wobei fast das gesamte Glas Champagner über seine Hose geschwappt war. Dann hatte er, was ihm später unglaublich albern und geradezu unwürdig vorkam, nur ein einziges Wort herausgebracht. Er hatte in tiefer Verwirrtheit nur gesagt: ›Hoppla!‹

Er müsse ihr nicht sofort antworten, hatte Manjo gesagt. Aber sie sei zu der Einsicht gekommen, dass ausgerechnet er, ein Theologe, ihr Mann sei. Die Wissenschaft sei nicht alles. Und sie wolle, das müsse sie gleich dazusagen, Kinder. Mindestens drei, besser aber fünf. Das solle er gleich mit bedenken, wenn er ihr antworte.

So stand Bernhard Selig da und schaute auf die, die gekommen waren, um Fischkirner zu feiern. Mit Fischkirner würde er schon vorher sprechen. Ehe er es den anderen sagte. Das gehörte sich so.

Ruhig und schon ein wenig neugierig überlegte Selig jetzt, am Rande der Festschrift-Übergabefeier, was die, die ihn kannten, wohl sagen werden, wenn er, vielleicht kurz vor der Weihnachtsfeier, öffentlich machen wird, dass er vorhat zu heiraten. In zwei, drei Monaten schon.

III

Am 25. November 1999, Donnerstag, kam Bernhard Selig um halb sieben nach Hause. Er hatte bis um Viertel nach sechs in Staatsexamensprüfungen im Prüfungsamt gesessen. Jetzt war er sehr müde. Er wusste, dass er gleich ein paar Spaghetti neben den Topf legen und eine Soße machen würde. Dann würde er sich einen Whisky einschenken und warten. Manjo wollte pünktlich um 7 Uhr zum Essen kommen. (Seligs Vermieterin, Frau Schäuble, lugte schon nicht mehr durch die Vorhänge, wenn Manjo kam. Dafür verließ Manjo spätestens um 11 Uhr die Wohnung. Manchmal fuhr Bernhard Selig dann eine Stunde später noch zu Manjo und blieb über Nacht in der Hirschgasse.)

Auf dem Weg nach Hause hatte Selig darüber nachgedacht, ob diese perverse Veranstaltung Staatsexamen eigentlich mit der ursprünglichen Idee des Christentums verträglich war, und er kam darauf, weil er sich vorstellte, wie kläglich sich der Student jetzt am Abend fühlen musste, dem er und Professor Meinertz heute Nachmittag eine glatte Vier gegeben hatten. Mit guten Gründen natürlich. Es blieb ihnen doch nach dieser Vorstellung gar nichts anderes übrig! Aber war das, diese Art von Prüfung und Einordnung, der Idee des Christentums gemäß?

Als Selig seine Wohnung betrat, zeigte der Anrufbeantworter an, dass zwei Gespräche eingegangen waren. Im ersten Anruf sagte Manjo, übertrieben betont, fast singend: »Hallo, Scha-atz! Ich komme eine halbe Stunde später! Ich muss mich noch ein bisschen auf mein Seminar morgen vorbereiten. Bis gleich!«

Nach dem nächsten Piepston war eine kalte, lederne Stimme zu hören, die Selig bei den ersten Worten nicht sofort erkannte. Die glatte, kalte Stimme sagte: »Hallo, Bernhard, hier ist Konrad Marr. Aus Bonn. Ich ruf dich einfach nur an um zu wissen, wie's um die Fischkirner-Festschrift steht. Ich hätte eigentlich gedacht, dass ich mal ein Belegexemplar bekommen würde; aber das ist bislang leider bei mir noch nicht eingetroffen. Ich nehme an, dass ihr die ganze Angelegenheit inzwischen fertiggestellt habt. (Das Folgende in schnell abfallendem Tonfall, zur offenkundigen Resignation hintreibend.) Oder? Is das anders? Ich weiß es nicht. Eh – sei so lieb: kümmer dich drum! Danke!«

Selig wusste nicht, wieso ihm nach dem Schlusspiepston des Anrufbeantworters ausgerechnet eine Erinnerung aus den Innsbrucker Tagen in den Kopf kam. Professor Mergelsdorff tauchte auf, der in einem seiner berühmten Vorlesungszynismen angemerkt hatte: ›Sie wissen ja, meine Herren, und wenn Sie es nicht wissen, sollten Sie es sich von nun an hinter die Ohren schreiben: Wenn ein Priester Probleme mit dem Zölibat hat, erkennt man das zuerst an seiner plötzlich glatten, kalten und um mehrere Stufen professioneller als vorher klingenden Stimme. Weshalb auch die meisten unserer Bischöfe derart klare, wohlverständliche und harte Diktionen besitzen. Äh – ach, bitte – vergessen Sie den zuletzt vernommenen Satz sogleich wieder. Ich habe ihn nicht gesagt.‹ Natürlich waren das, sagte Selig zu sich selbst sofort: sinnlos assoziierte Erinnerungen. Wenn einer innerlich gefestigt zum Zölibat stand, dann Konrad Marr.

Manjo erzählte, als sie kam, dass sie am Nachmittag bei den Fotokopierern der Romanisten die folgende Szene beobachtet hatte: Eine Studentin oder Doktorandin habe auf der Treppe Professor Faulinger angesprochen. Ob er Faulinger kenne? Nein? Also, ein Hagestolz, sehr schmal, graubärtig, über sechzig, der, jedenfalls bis vor kurzem und im Abstand von ungefähr fünf Jahren, immer wieder eine ernsthaft blickende Studentin sich zur Freundin auserkoren habe. Die Studentin habe Faulinger wohl angesprochen, weil sie ein Gutachten für ein Stipendium wollte. Ein paar Treppen höher habe der kleine

Sohn der – ja, wahrscheinlich sei es eine Studentin im höheren Semester gewesen. Also, der kleine Sohn der Studentin habe da gespielt. Und Faulinger, offenbar irritiert, dass es jemand wagte, ihn auf der Treppe anzusprechen, habe sehr kurz angebunden reagiert. Den Versuch der Studentin, ihren kleinen Sohn vorzustellen – einen wirklich hübschen kleinen Kerl, auf den die Studentin offenbar stolz war –, habe Faulinger mit vollkommenster Vollkommenheit ignoriert. Er habe einfach keine Notiz von dem Kleinen genommen, den die Studentin da vor ihn hingeschoben habe. Dann sei da die Assistentin von Faulinger die Treppe heruntergekommen, habe Faulinger einfach in das Gespräch mit der Studentin hinein gefragt, wie es denn in Casablanca gewesen sei – Faulinger sei da wohl auf einem Kongress gewesen. Und der habe geantwortet: Ja, gut, abgesehen davon, dass er sich eine Bronchitis geholt habe. Die Studentin, die offenbar mit der Assistentin bekannt war, habe nun, ziemlich hilflos neben den beiden stehend, versucht, den Kleinen der Assistentin vorzustellen; aber auch die Assistentin, die mit den wenigen Sätzen das Gespräch an sich gerissen habe, habe über den Kleinen einfach hinweggesehen.

»Kannst du dir so etwas Unhöfliches und Bescheuertes vorstellen? Wie die beiden da im Vollgefühl ihrer akademischen Wichtigkeit die Frau und den Jungen einfach stehengelassen haben?«

Bernhard Selig beschwichtigte. So etwas – diese Haltung – sei auch bei den Theologen an der Tagesordnung. Er rege sich da schon lange nicht mehr auf.

»Ausgerechnet du!«, lachte Manjo Monteverdi. »Du beklagst dich doch beinahe jeden Tag darüber, dass die

Theologen keine Umgangsformen haben, obwohl sie beständig auf die Formen pochen! Gestern hast du gesagt – erinnerst du dich nicht mehr? –, dass die Mischung aus ängstlicher Verlegenheit und starrem Dünkel die von Generation zu Generation parthenogenetisch vererbte Verhaltenskrankheit der Theologen sei. Wörtlich hast du das gesagt, mein Lieber! Ich habe dir diese Geschichte doch eigentlich nur zum Trost erzählt. Damit du siehst, dass es auch an den anderen Fachbereichen unhöflich bis vollständig bescheuert zugeht.«

Selig bedankte sich für die Tröstung. Er selbst erzählte, dass er an diesem Tag von Dr. Templer noch einmal einen Brief bekommen hatte, in dem Templer sich mit leicht öligen Worten für die Zusammenarbeit bedankte und der Hoffnung Ausdruck gab, dass die Fischkirner-Festschrift ein Erfolg werde. Offenkundig war dieser Brief aber nur um des letzten Absatzes willen geschrieben. Hier wies Dr. Templer noch einmal knapp darauf hin, dass die 300 Mark, die Umstellungsgebühr, die durch die verzögerte Ablieferung der Druckvorlage angefallen sei, noch ausstehe und dass er davon ausgehe, dass die Herausgeber diese Gebühr in den nächsten Tagen begleichen würden.

IV

Bernhard Seligs Leben nahm für den Rest des Jahres einen sich überstürzenden Verlauf. Wie er es vorgehabt hatte, gab Selig bei der Weihnachtsfeier 1999 bekannt, dass er sich in den Laienstand zurückversetzen lassen und bald heiraten werde. Dem bischöflichen Offizialat, Professor Fischkirner und dem Dekan hatte er seine Absicht genau drei Tage vorher schriftlich mitgeteilt. Das war keinesfalls ein geordnetes Verfahren, und natürlich war es dem Bischof so nicht möglich, bis zum Jahresende eine ordentliche Laisierung vorzunehmen. Auf der anderen Seite hatte der Standesbeamte in Pfäffingen, dem einzigen Standesamt weit und breit, das bereit und in der Lage war, die Trauung am Silvestertag vorzunehmen, bei der Bestellung des Aufgebots nicht weiter nach dem Priesterstand gefragt, und Bernhard Selig hatte bei der Frage nach seinem Beruf einfach ›Hochschuldozent‹ angegeben.

Bernhard Selig und Manjo Monteverdi heirateten also am Silvestervormittag des Jahres 1999. Vor dem Standesamt warteten die Familien Selig und Monteverdi mit Reis und Champagner, und Bernhard Selig vermerkte gerührt, dass selbst seine strenggläubige fünfundsiebzigjährige Mutter, für die seine Mitteilung vor gut vier Wochen ein beinahe übergroßer Schock gewesen war, sich um ein Lächeln bemühte.

V

Im Frühjahr des folgenden Jahres begann Bernhard Selig die Dinge, die sich während der Entstehung der Fischkirner-Festschrift ereignet hatten, aufzuschreiben. (Selig hatte da bereits sein Zimmer in der Universität geräumt, und er bemühte sich, eine neue Arbeitsstelle zu finden.) Es war diese Niederschrift ein Akt der Befreiung, und Selig fühlte sich hinterher in einer Weise, die er nicht bestimmen und darum auch nicht in Worte fassen konnte, von einem alten Schmerz befreit. Er begriff nun, dass die Plagen und Leiden und dass beider Vater, der Zufall – dass alle drei von Gott dazu bestimmt sind, in der Welt das Bessere und am Ende der Zeiten DIE EWIGE GERECHTIGKEIT zu schaffen, und er verstand, dass die Festschrift – die Kategorie der Festschrift als solche! – das Gleichnis aller Gleichnisse unseres Lebens ist, der Geburtstag des Wissens um das große Andere, das in jeder wahrhaften Bestimmung des Lebens mit enthalten ist.

VI

Nachdem Trutz Winkelmann von seiner Reise in dem Pandschab zurückgekehrt war, gab Selig ihm das Manuskript, das er verfasst hatte, und Winkelmann zeigte sich amüsiert, sagte auch, manches sehe er, Winkelmann, natürlich ganz anders und wahrscheinlich doch richtiger; aber wie auch immer – durchaus amüsant, sei das, was Selig da geschrieben habe. Ja, durchaus amüsant! Er rate allerdings dringend, in Seligs ureigenstem Interesse, von einer Veröffentlichung ab! Diesen Rat von Winkelmann nahm Selig sich zu Herzen, und er legte diesen Bericht darum zu den bisher und nun wohl für immer unveröffentlichten theologischen Schriften in die Schublade. Nur gelegentlich, wenn seine Frau ihn darum bat, nahm er den Papierstapel aus dieser Schublade und las einige Abschnitte daraus vor.

VII

Bernhard Seligs und Manjo Monteverdis Tochter Eva Maria kam am 7. August 2000, einem Montag, zur Welt.

Für Samstag, den 12. August, war eine Vorstands- und Beiratssitzung der Gesellschaft für Humanistische Theologie in Bamberg angesetzt. Selig, der sich verständlicherweise nur mit Mühe aus seiner theologischen Vergangenheit lösen konnte, war noch immer Mitglied im Beirat der GfHT. Am Tag nach der Geburt seiner Tochter war er sicher, dass er am Samstag nicht nach Bamberg fahren würde; doch Manjo Monteverdi überredete ihn, zu der Sitzung zu fahren. Sie fühle sich wohl, sagte sie, und er solle, so drückte sie sich aus, ›seine alte Kumpanen doch besser persönlich vom Ende seines Zölibats unterrichten‹. Das sei allemal tapferer als der nichtssagende Brief, den er noch immer vor sich herschiebe.

Die Vorstands- und Beiratssitzung fand in Räumen der Bamberger Universität statt. Wie immer bei solchen Gelegenheiten begrüßten sich die Mitglieder mit der kühlen Distanziertheit der erfahrenen und jederzeit professionell agierenden Gremienvertreter. Selig war mit dem Zug gekommen. Während der Fahrt hatte er sich entschlossen, schon bei der informellen Begrüßung, vor dem Beginn der eigentlichen Sitzung zu sagen, dass er jetzt verheiratet und gerade Vater geworden war.

»Ich will gleich sagen, dass ich seit einiger Zeit verheiratet bin«, sagte er, als alle noch herumstanden. Dann setzte er gleich hinzu: »Und am vergangenen Montag bin ich Vater geworden!«

Über die Gesichter der Männer legte sich Raureif. Unschwer war zu erraten, dass alle in *seinem* Gesicht nach einem Anhaltspunkt suchten: Machte er einen vollkommen unsinnigen Scherz? Und warum jetzt und mit dieser merkwürdigen Thematik?

So fügte Selig hinzu: »Nein – kein Scherz!«

Die Umstehenden schienen sich zu bewegen und fortzuweichen. Sie wurden nach Seligs Empfindung zu einer Mauer. Einen Augenblick lang herrschte ein eigenartiges, fast ohnmächtig zu nennenden Schweigen, dann sagte der Vorsitzende der GfHT, Professor Hausser, so heiter, dass die Irritation kaum mehr zu bemerken war: »Nun, dann – herzlichen Glückwunsch!«

Erleichtert, weil sie auf diese Weise aus ihrer Erstarrung erlöst waren, beeilten sich alle anderen Herren, diese Formel zu wiederholen. Man sah ihnen an, dass sie froh waren, auf diese Weise dieses eigenartig private, gänzlich untheologische Thema hinter sich lassen zu können. Dann ging Professor Hausser mit schnellen Schritten an seinen Platz am Kopfende des langen Tagungstisches, schlug seinen präsidialen Aktenordner auf und eröffnete die Sitzung. Über die nächste Jahrestagung wurde gesprochen, über das Programm, die Referenten, die Finanzierung. Die rhetorische Unfähigkeit eines vorgeschlagenen Hauptredners wurde kritisiert, ein anderer sehr gelobt. Viele weitere Fragen wurden aufgeworfen, diskutiert und die Ergebnisse der Diskussion zur Abstimmung gebracht.

Selig sah sich das alles wie aus weiter Entfernung an. Einmal, als Professor Hausser den nächsten Tagesordnungspunkt aufrief, spürte er das Bedürfnis, aufzustehen und nach Hause zu fahren, zu seiner Frau und seiner

Tochter, aber er blieb dann doch.

In der Pause wurden Käse- und Wurstbrötchen gereicht. Alle standen herum und besprachen nun in inoffizieller Weise das, was vorher offiziell erörtert worden war. Selig schloss sich einer der kleinen Gruppen an, sagte aber nichts. Die Männer, die da so eifrig miteinander sprachen, schienen ihn auch gar nicht zu bemerken.

Dann ging die Sitzung weiter. Nach zweieinhalb Stunden, als alle Tagesordnungspunkte abgearbeitet waren, beschloss man, in die Bamberger Innenstadt, in ein Restaurant Messerschmidt zu fahren, um zusammen zu Abend zu essen. In dem Lokal angekommen, sagte Selig, er wolle erst einmal zu Hause anrufen, und er machte, ehe er nach einem Telefon suchte, eine kleine betonte Pause, um ohne weitere Worte auszudrücken, *warum* er zu Hause anrufen wollte.

»Ich habe ein schlechtes Gewissen, dass ich gefahren bin«, sagte Selig am Telefon. Manjo Monteverdi lachte und antwortete, ihr und der Kleinen ginge es sehr gut. Er solle sich keine Gedanken machen.

»Aber ich bin froh, wenn du morgen wieder da bist«, sagte Manjo Monteverdi dann. »Ich lasse dich ungern in der Hand der Theologen. Ich habe Angst, dass du rückfällig wirst.«

Selig erwartete, als er nach einiger Zeit zu den anderen zurückging, dass einer der Anwesenden jetzt das Glas heben und, halb hilflos, halb jovial, auf die Geburt der Tochter mit ihm anstoßen würde. Aber alle waren damit beschäftigt, die üblichen vereinsmäßigen Interna zu bereden. Da blieb keine Zeit für Gedanken an ein Kind. Keiner wollte wissen, wie die Tochter hieß. Niemand fragte, wie es dem Säugling und der Mutter ging. Alle schienen vergessen zu haben, was Selig vor ein paar Stunden mitgeteilt hatte.

›Ein Theologe, der von der Fahne gegangen ist, darf von denen, die wacker weiter in der theologischen Wissenschaft kämpfen, wohl nichts anderes erwarten‹, sagte sich Selig. Er sah in sein Bier. Dann versuchte er mit aller Kraft und Konzentration, sich jene Fahne, von der er gegangen war, bildhaft und als Teil eines großen Gleichnisses vorzustellen. Doch so sehr er sich auch bemühte, er sah die Fahne nicht.

Und da erinnerte sich Bernhard Selig an einen Traum, den er vor vielen Jahren, als Student noch, geträumt hatte. Er hatte in diesem Traum, oben, auf einem Balkon, eine junge Japanerin gesehen, die ihm auf japanisch etwas zugerufen hatte, und er hatte einen deutschsprechenden Japaner, der passenderweise gerade neben ihm ging, gefragt, was die Frau denn da soeben gesagt habe, und der Mann hatte für ihn übersetzt. Sie habe gesagt: »... die die Fahne wegbringt«.

Er hatte diesen Traum seinerzeit nicht verstanden, und beinahe hätte er ihn für immer vergessen. Aber jetzt, jetzt auf einmal, verstand er diesen Traum. Er verstand ihn in allen seinen Bedeutungen. Aus den Druckfahnen war die Druckvorlage geworden, die Druckvorlage war zum Verlag gegangen und zu einem Buch geworden. Und die Fahne, jene andere Fahne ...

Selig lehnte sich zurück und nahm einen Schluck Bier. Wenn es überhaupt so etwas wie reines Glück im Leben eines Mannes gibt, der einmal Priester gewesen ist und es nun nicht mehr ist – wenn es am Ende also doch das reine Glück für einen solchen Mann geben kann, dann war Bernhard Selig in diesem Augenblick glücklich.

Register